高质量作业设计方略丛

主编　胡庆芳

高质量作业赏析

国际样本

胡庆芳　杨翠蓉　李爱军　季　磊◎编译

教育科学出版社
·北　京·

出 版 人　郑豪杰
责任编辑　闫　景
版式设计　宗沅书装　孙欢欢
责任校对　贾静芳
责任印制　叶小峰

图书在版编目（CIP）数据

高质量作业赏析国际样本 / 胡庆芳等编译. — 北京：教育科学出版社，2022.7（2023.11 重印）
（高质量作业设计方略丛书 / 胡庆芳主编）
ISBN 978-7-5191-3183-8

Ⅰ.①高… Ⅱ.①胡… Ⅲ.①学生作业－教学设计 Ⅳ.① G424.6

中国版本图书馆 CIP 数据核字（2022）第 123006 号

高质量作业设计方略丛书
高质量作业赏析国际样本
GAO ZHILIANG ZUOYE SHANGXI GUOJI YANGBEN

出版发行	教育科学出版社		
社　　址	北京·朝阳区安慧北里安园甲 9 号	邮　　编	100101
总编室电话	010-64981290	编辑部电话	010-64989593
出版部电话	010-64989487	市场部电话	010-64989009
传　　真	010-64891796	网　　址	http://www.esph.com.cn
经　　销	各地新华书店		
制　　作	宗沅书装		
印　　刷	保定市中画美凯印刷有限公司		
开　　本	720 毫米 ×1020 毫米　1/16	版　　次	2022 年 7 月第 1 版
印　　张	14.75	印　　次	2023 年 11 月第 3 次印刷
字　　数	241 千	定　　价	48.00 元

让高质量作业
助力教育高质量发展

《学记》有云，“时教必有正业，退息必有居学”，说的就是教育要按照时序进行，必须有正式的课业，课后休息时也得有课外练习，体现了教师的讲授释惑和学生的作业跟进应相辅相成、相得益彰。

作业是教师布置给学生的学习任务，要求学生独立或合作完成，是学生在教师直接指导之外的一种继续学习。作业是学生课堂学习的延伸，是教师对学生课堂学习的适度补充或拓展延伸，弥补课堂学习时空的局限。作业既可以是对学生课堂所学的重温和巩固，也可以是对课堂所学的社会实践和情境运用。适当合理的作业是学校对学生学习习惯养成和课外生活安排的一种有益指导，同时也可以成为家校联系的纽带和共育的载体。

减轻学生不必要的学业负担一直是教育管理部门的一项重点工作，引导学生始终保持学习的兴趣，爱学习，勤思考，勇创新，健康快乐地成长，是学校教育不懈努力的方向。2019 年 6 月，中共中央、国务院发布《关于深化教育教学改革全面提高义务教育质量的意见》，明确指出：“统筹调控不同年级、不同学科作业数量和作业时间，促进学生完成好基础性作业，强化实践性作业，探索弹性作业和跨学科作业，不断提高作业设计质量。杜绝将学生作业变成家长作业或要求家长检查批改作业，不得布置惩罚性作业。教师要认真批改作业，强化面批讲解，及时做好反馈。”

2021 年 4 月，教育部办公厅发布《关于加强义务教育学校作业管理的通知》，对学生作业提出了“十条要求”，其中包括要求小学一、二年级不布置书面家庭作业，小学其他年级每天书面作业完成时间平均不超过 60 分钟，初中不超过 90 分钟；禁止学校给学生布置重复性、惩罚性作业；严禁给家长布置作业，不得要求学生与家长自批自改作业等。

2021 年 7 月，中共中央办公厅、国务院办公厅印发《关于进一步减轻义务教育阶段学生作业负担和校外培训负担的意见》，要求提高作业设计质量，发挥作业诊断、巩固、学情分析等功能，并将作业设计纳入教研体系，系统设计符合学生年龄特点和学习规律、体现素质教育导向的基础性作业，鼓励布置分层、弹性和个性化作业。

学生作业作为学校教育的重要一环，需要教师对学科知识和教材内容有娴熟的驾驭，对本学科的核心素养培育目标有通透的理解，对学生不尽相同的学情有全面准确的把握，同时还需要教师对学生作业有设计意识、跨学科意识，具有对单元作业、学期作业、学年作业的整体长程设计能力。

“高质量作业设计方略丛书”积极吸纳国际先进理念，放眼揽括国外作业精彩样本，立足扎根本土创新，观照回应学科特点，始终追求核心素养培育。

创意创新设计学生作业，积极加强作业反馈指导，有效助力教育高质量发展！

胡庆芳

2022 年 5 月 1 日

目录

上　篇　课外作业关键问题的国际聚焦

有关研究发现，对课外作业布置的质与量的把握至关重要。课外作业要发挥应有的作用，不仅需要有先进的理念和精心的设计，及时到位的支持与指导也不可或缺。

下　篇　课外作业创意实践的国际样本

很多国家的中小学教师在语言艺术、数学、科学和社会研究等领域的作业设计上展开了富有个性与创意的实践。学生通过或网上收集资料信息，或现场实地走访参观，或情景化表演，或项目化学习，在完成作业的过程中发现了知识，发展了思维，培养了能力，激发了兴趣，增进了情感，学习的意义得到有力彰显。

语言艺术作业以循序渐进的课程标准为基础，通过新颖有趣的表现形式和贴近生活的设计旨趣，为学生建构起一个丰富多彩、智趣盎然的作业世界。这些作业，或让学生热爱自然，热爱生活；或让他们认识自我，学会待人接物；或与长辈探索历史，关心社区发展；或关注多元文化，放眼整个世界……

为了让学生积极主动地学习有意义的数学，教师应在数学课外作业的设计上凸显以下几点：家庭指导是任一阶段学生学好数学的有力支持；小学数学课外作业以激发学生的数学兴趣为主；初中数学课外作业的内容与形式要取材于日常生活；高中数学课外作业除立足日常生活外，还应注重对学生逻辑思维能力的培养。

本部分主要通过物理化学、生物、天文地理三大块内容来介绍科学作业。科学课外作业的主要形式是科学活动，是对客观现象进行观察与探索的活动。科学课外作业的目的是：系统掌握物理、化学、生物、天文、地理等知识，了解进行科学研究的基本步骤与科学规范，激发探索客观世界的兴趣，培养解决生活中科学问题的能力和科学的态度与责任，发展科学思维。

社会研究作为综合文科的重要课程，汲取了人类学、经济学、政治学、地理学、历史学等各门学科的知识，同时从人文科学和自然科学中选取适当内容，进行协调整合。因此，与此相对应的学生课外作业也势必覆盖并综合了上述学科和内容，主要目的在于帮助学生学会资料的收集、整理和分析，提高学生解决问题的能力。

上篇

课外作业关键问题的国际聚焦

有关研究发现，对课外作业布置的质与量的把握至关重要。课外作业要发挥应有的作用，不仅需要有先进的理念和精心的设计，及时到位的支持与指导也不可或缺。苏联教育家沙塔洛夫（Шаталов）研究指出，当学生不再敷衍地完成作业，而是将其视为内在需要时，就会提高对作业的兴趣，完成作业变成主动的行为，反之则会视作业为负担。

在你致力于学生发展，开始高质量作业的研究和实践，欣赏和学习本书精选的国际作业样本之前，请先厘清以下问题：

1　课外作业可以发挥什么样的作用？

2　哪些因素会影响课外作业的效果？

3　课外作业做多长时间比较合适？

4　什么样的课外作业最有效？

5　怎样评价和反馈课外作业最到位？

6　怎样指导家长发挥作用？

1 课外作业可以发挥什么样的作用？

◎课外作业利弊之争

关于学生课外作业是徒劳无益的负担，还是校内教育不可或缺的有益补充，争论声一直不绝于耳。

一方面，对课外作业价值的质疑由来已久。

19世纪末，美国著名儿童医学专家赖斯（Rice）医生对儿童的拼写认知进行了大量的研究，得出一个影响深远的结论：在通常情况下，儿童在家所做的拼写练习与他们拼写能力的发展没有直接的关系。这对当时旨在巩固在校知识的课外作业产生了极大冲击。1930年，美国儿童健康学会在大量临床案例的基础上，对儿童的课外作业进行了严厉的批评，并指出，课外作业加重了儿童的学业负担，剥夺了他们自由发展的天性，引发了近视、脊柱变形等多方面的问题。自此，儿童的课外作业布置基本上被视为是不合时宜的。

直至21世纪初，抨击课外作业的声音仍没有消失。2006年下半年，美国先后出版了两本书——《课外作业的迷思》和《状告课外作业》，建议取消小学生的课外作业。《课外作业的迷思》的作者科恩（Kohn）认为，过多的课外作业只会挫伤学生的学习兴趣，甚至可能对他们的心理产生负面影响。他在书中援引了一系列统计数据，指出做课外作业并不是学业成功的必然因素。《状告课外作业》的作者莎拉·贝内特（Shara Bennett）指出，没有任何研究表明小学生的课外作业和他们的学习成果之间存在关联。两本书的作者都认为，课外作业剥夺了学生培养兴趣爱好和与家人共处的时间，还没有确切证据表明，做课外作业的学生比不做课外作业的学生更聪明，分析问题的能力更强，或者更有创造力。

另一方面，肯定课外作业的作用，并且致力于发挥课外作业效用的研究和实践也一直在推进。

20世纪五六十年代，振兴美国教育的基础成为那个时代的最强音，课外作业作为学校教育不可或缺的主要补充，在许多州和学校成为必做的功课，并被视为加强教育基础的有力途径。

1983 年，《国家处于危险中：教育改革势在必行》报告的出台，吹响了美国高质量教育运动的号角，报告明确提出应该给高中学生“更多的课外作业”。三年后，美国教育部长威廉·贝内特（William J. Bennett）指出：“有效的课外作业不仅是课堂教学的补充，而且还能帮助学生成为一个独立的学习者。此外，课外作业还可以在做出决断和进行比较、提出新问题、培养责任心和加强自我修养等方面为学生提供难得的经验。”[1]

◎课外作业可能产生的效果

美国密苏里大学哥伦比亚分校心理学教授库柏（Cooper）和他领导的研究小组长期致力于课外作业有效性的研究。他们通过大量的跟踪研究，就课外作业可能产生的积极的和消极的效果进行了比较，如表 1 所示。

表 1 课外作业可能产生的效果

积极的效果	直接的达成	事实知识的较好保留
		增进理解
		充实课程内容
	长期的学业性帮助	在闲暇时激发的学习行为
		对学习态度的积极变化
		良好的学习习惯和技能
		发展批判思维、促进概念形成和信息加工
	非学业性的帮助	更好的自我调节能力
		更强的自律性
		更好的时间组织
		更独立的问题解决能力
	家长对学校更大的认同度和参与度	

① BENNETT W J. What works [M]. United States Department of Education, 1986: 42.

续 表

<table>
<tr><td rowspan="8">消极的效果</td><td rowspan="2">厌烦和倦怠的情态</td><td>对学业材料失去兴趣</td></tr>
<tr><td>身体和情感两方面的疲惫</td></tr>
<tr><td rowspan="3">对休闲时光和社区活动的剥夺</td><td>家长的干预</td></tr>
<tr><td>好好表现的压力</td></tr>
<tr><td>运动激情的丧失</td></tr>
<tr><td rowspan="2">消极应付的舞弊行为</td><td>抄袭别人的答案</td></tr>
<tr><td>让别人抄袭</td></tr>
<tr><td colspan="2">学业成就高与学业成就低的学生之间差距拉大</td></tr>
</table>

◎课外作业的积极效果

库柏的研究小组得出结论，课外作业可以对学生的学业成绩和品格培养产生影响，同时，在学校和家庭之间也建立起了一种非常重要的联系。但设计不当的课外作业也会给学生带来不容忽视的消极影响。

研究小组发现并概括出了课外作业的诸多作用，如：

·为学生从事课堂新知识的学习进行了必要的准备。

·为学生提供了课外练习和巩固课堂知识的机会。

·为学生参与书本外的实践活动提供了机会。

·可以充分发展学生的个性。

·促进学习同伴间的更多互动。

·课外作业作为一种纽带加强了家庭和学校的联系与交流，在改善亲子关系方面也表现出了积极的作用。

·课外作业的布置也可以作为对问题学生的一种惩罚，或者说是一种强制性的补偿教育措施。

2 哪些因素会影响课外作业的效果？

库柏领导的研究小组在长期的、对因素分门别类的研究中，发现了影响课外作业有效性的诸多相关联的因素。

·做课外作业的学生和不做课外作业的学生对比。依据标准考试，在11～16岁的中学生中，做课外作业的学生比不做课外作业的同龄学生成绩要优秀。在小学阶段，课外作业对学业成就的影响不明显。

·做课外作业和课堂指导学习的效果对比。小学阶段的课堂指导学习比做课外作业效果要明显；在初中阶段，做课外作业比课堂指导的学习效果明显；在高中阶段，做课外作业的效果最好。

·花在课外作业上的时间与取得的学业成绩对比。总体而言，花在课外作业上时间较多的学生，学业成绩较好。在小学阶段，这种相关性为0；在初中阶段，这种相关性为0.07；在高中阶段，这种相关性达到0.25，并且最佳的作业时间是每晚1～2小时。

美国密苏里大学哥伦比亚分校和田纳西州立大学心理学联合小组的另一项研究也得出以下结论。

·在定期布置的、有意义的课外作业上花时间较多的学生，一般而言都比其他学生学业优秀。

·教师对学生课外作业进行批改以及直接与学生本人一起进行有针对性的讨论，这样的做法往往有助于学生对功课形成正确的认识。

·课外作业给学生学业带来的好处会随着学生年级的增加而表现得更明显。

图 1 列出了影响课外作业有效性的各项因素。

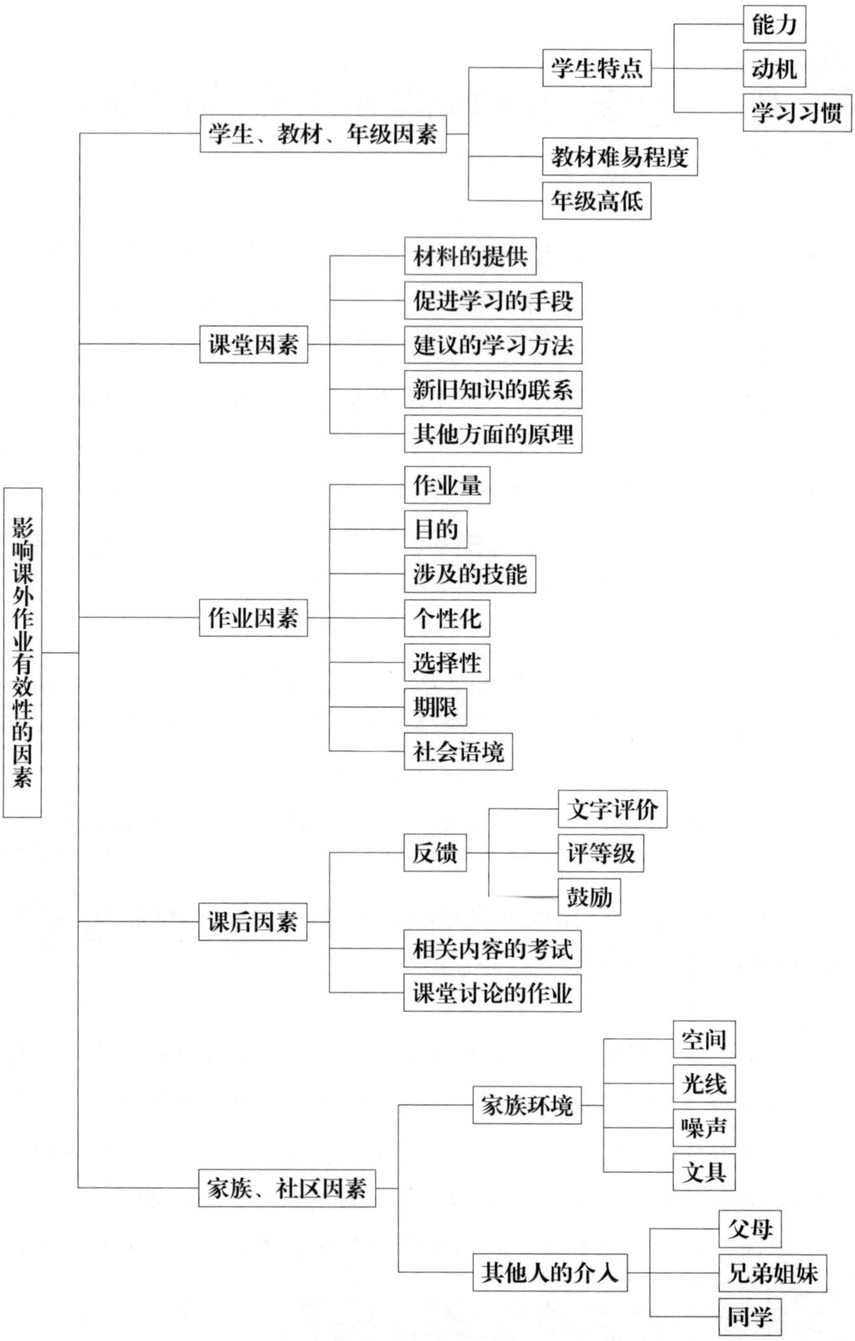

图 1　影响课外作业有效性的因素

3 课外作业做多长时间比较合适？

年级因素是影响课外作业效果的一大变量。作业的量要根据年级的不同进行调整。究竟布置多长时间可以完成的课外作业，效果最好呢？

库柏研究小组根据大量的实践研究得出结论，建议学习日里每天必做的课外作业花费的时间因年级段的不同应当有不同的调整，并指出：学生的课外作业量每晋升一个年级，增加 10 分钟比较合理。换言之，即便是到了学生准备报考大学的 12 年级，每天晚上课外作业的时间也不应超过 2 小时。

· **1 ～ 3 年级** 1 ～ 3 道作业题，时间 15 分钟或更少。
· **4 ～ 6 年级** 2 ～ 4 道作业题，时间 15 ～ 45 分钟。
· **7 ～ 9 年级** 3 ～ 5 道作业题，时间 45 ～ 75 分钟。
· **10 ～ 12 年级** 4 ～ 5 道作业题，时间 75 ～ 120 分钟。

密苏里大学哥伦比亚分校和田纳西州立大学心理学联合小组也给出了根据年级变化而调整的课外作业时间建议：

· **幼儿园至 2 年级** 10 ～ 20 分钟可以完成的课外作业最有效。
· **3 ～ 6 年级** 30 ～ 60 分钟可以完成的课外作业最有效。
· **7 ～ 12 年级** 恰当的课外作业量因学科而异。高年级学生往往有一些诸如研究报告和口头汇报这样的课外作业项目需要完成，上交的最后期限可能是几个星期之后。这样，这些高年级的学生可能还需要得到帮助，以便于对这些作业进行统筹安排。

在英国，政府明文规定：

· 不能给 12 岁以下的儿童布置家庭作业。

· 12 ～ 14 岁的青少年每天家庭作业时间不超过 1 小时。
· 14 岁以上的青少年每天家庭作业时间不超过 1.5 小时。
· 每周学校布置家庭作业的天数不得超过 4 天。

4 什么样的课外作业最有效?

对课外作业进行改革以适应现代教育的发展是大势所趋。改革课外作业，首先必须重新考虑两个问题：

· 我们究竟应当秉承什么样的教育理念?
· 究竟什么样的课外作业才是最有意义的?

◎学校和老师应当首先清楚的事项

对低年级学生而言，课外作业主要是为了培养学生积极的学习态度、良好的学习习惯和优良的品格。

对高年级学生而言，课外作业还为了促进学生知识的获得和技能的强化。

1. 老师应该清楚的事项

根据不同的学校和社区环境，老师必须考虑课外作业布置的频率和时间，包括：

（1）一个学习周中可以布置课外作业的天数。

（2）学生日常应该花在本学科上的课外作业时间。

2. 老师应该向学生解释清楚的事项

（1）所布置的课外作业与课堂上学习内容的关系。

（2）布置课外作业的目的及要求。

（3）完成课外作业的参考建议。

（4）学生上交或呈现已完成课外作业的方式。

3. 学校管理者应该做到的事项

（1）与学生家长沟通学校和学区的课外作业政策。

（2）对课外作业政策的执行情况予以监管。

（3）帮助协调不同学科的课外作业在时间安排上的冲突。

◎请这样布置课外作业

（1）班上所有学生都有责任完成同样的课外作业，在此前提下，可以允许不同的学生有选择不同课外作业的自由。

（2）课外作业一定要有必做部分。对于必做课外作业完成有困难的学生应当提供补偿教育机会。

（3）课外作业一定要有选做部分，充分满足不同学生的不同学业需求。

（4）所有公开布置的课外作业都必须规范批改、评价，以作为诊断学生学习问题和实施个别化教育的依据。

（5）课外作业所涉及的内容都应在正式上课前或课后出现，使之成为对课堂教学内容有益的补充。

（6）课外作业不应被用来传授复杂的技能，通常应关注简单的技能或整合学生已经掌握的各种技能。

（7）家长不应当在课外作业方面被学校指定太多的指导责任，家长要做的更多的是营造能够促进学生独立学习的氛围和环境。

◎布置“贴近生活”的课外作业

请你反复试验并仔细观察学生，你会发现：

· 当鼓励学生在实际生活中运用课堂上所学的知识时，他们对这些知识的理解就特别深。

· 当学生意识到所学的知识会马上运用到现实生活中去时，课堂上所学的知识就越发有意义。

你会自然而然得出结论，那些反映学生成长气息、有活力、“贴近生活”的课外作业，备受学生青睐，不仅让学生对所学的知识理解得更加深刻，而且使学习知识本身变得更有意义，在培养学生学习的兴趣、毅力、责任心、自信心、成就感和时间管理能力等方面都表现出积极的作用。

- “贴近生活”的课外作业与学生个人情况紧密相连，适合每一个学生的能力和生活背景，他们可以独立地去完成适合自己水平、与自己生活贴近的作业，从而培养自信心和成就感。
- “贴近生活”的课外作业培养学生适应生活的能力，他们还能及时发现社会对自己正在学习的知识的需要，从而对学校产生更为积极的态度。
- “贴近生活”的课外作业使学生意识到他们正在学习的知识的价值，从而认识到今天在学校里的学习就是在为未来生活做准备。

“贴近生活”的课外作业的形式千姿百态，读书、听广播、看电影，或是听邻居长者讲故事、假日旅游、去田野乡下做调查，越来越多地包括进了学生生活中那些发生在教室之外的有助于身体、社交、情感、精神和智力成长的经验，而不再是简单抄写和计算之类的练习。

“贴近生活”的课外作业不是要学生坐在教室里给地图涂颜色，而是让学生去实地参观一个机场。在那里，学生可以采访乘客，询问他们去了哪里，又将到何处去，并在事先准备好的地图上标出位置。

美国“贴近生活”的课外作业

开学初，教师给四年级的学生列了一些建议性的活动作为课外作业。教师建议学生读报纸、写信、和祖父母谈有关遗产的话题，也鼓励学生创造性地设想其他活动，并制作成活动表。当学生学到了新技能和新概念时，便对学期初的活动表加以更新。如当学生学到“移民”这一概念后，教师在活动表里加上“家访”一项，鼓励学生调查自己的家世，弄清楚自己的祖先原本是哪国人，学生间可交流调查所得。当数学课讲到货币计算时，教师便安排学生放学后与家长一起去购物，让学生自己学着付钱，并计算找零。

教师可以鼓励学生与家长以及邻居交谈，谈历史、谈时事、谈课本中学到的知识，教师还可以鼓励学生看电视，从中找到有价值的东西。特别是看到电视中提到学校里学到的内容时，学生便会回忆课本和教师所讲的有关知识，以期更好地理解这一节目。正因为如此，看电视也是一门课外作业。特别是第二天上学时，学生把从电视上获取的有价值的信息讲给别的同学听，这样课外作业的意义就更加明显了。

基于“贴近生活”这一原则，教师也可以从课外作业中发现和发展学生不能从学校获得的一些天赋与才能，如音乐、美术、戏剧、机械和建筑等。一些教师还专门设计课外作业以帮助学生学会管理时间、制订学习计划、培养学习能力和发展研究能力。在家里，在家长的帮助下，学生可以计划自己在不同的技能训练上所花的时间、要使用到的书籍以及资料的数量。学生为完成作业，可以与家长、兄弟姐妹和同学协商安排。

◎布置包容性强的专题研究作业

专题研究作业具有较强的包容性和较大的拓展空间。在专题作业实施之前拟好主题，一般是由同一年级的教师讨论决定。为了避免主题重复，也为了激发学生的兴趣及鼓励学生主动学习，教师在确定主题时，常常要绞尽脑汁。文化、习俗、历史、地理、社会、生活等是比较常见的主题。

新加坡学校的专题研究作业①

新加坡华侨中学的专题作业“华人传统婚礼习俗”，同样是以习俗为专题，但是研究方向是婚礼的习俗，学生不熟悉这个方面但又充满好奇；又如武吉班让政府中学的专题作业“新新人类知多少”关注的是青少年的生活，但是主题中的“新新”二字色彩鲜明地表现出了“年轻”“新潮”“另类”等特质，这会让处于叛逆期的中学生们非常有共鸣。

法国不同专题和形式的语文作业

法国的现代语文教学，很注重社会实践、职业常识及应用文体的训练。写报告、拟提纲、编报纸、做广告……，通过不同的专题和形式，拓展了

① 刘冬梅．精彩纷呈的专题作业：来自新加坡学校的实践 [J]. 新课程评论，2017（2）：116–121.

学生学习表达的方式和方法，锻炼了他们动手做事的能力。这些特别的形式激发了学生的想象和兴趣，促使他们去观察学习，给他们留下了创作的空间。

这些作业的发布方法各有不同，或形成文字，或画成图画，或开庆功会，或捐给图书馆，或发布给社区。形式多样，富有趣味。新颖、有趣的主题可以很快吸引学生，他们在做专题作业时也会表现出更多的积极性和主动性。

◎ 布置聚焦学科素养的作业

越来越多的学校和老师在设计作业时，关注到学科素养的培育。如在中学美术课堂作业中，教师不会过于注重学生美术造型能力的培养，而是更注重学生美术创意、创新思维的培养。在美术课堂中，他们还注重培养学生的美术观察力，利用观察到的事物进行创作，让学生在自主研究、探索中进行美术创作。

英国学校美育素养培育的多样化作业①

在英国，旨在培育学生审美素养的美术课，作业设计的种类十分繁多。教师组织学生进行美术课外活动以及社会实践活动，无一不体现出教师对学生的兴趣点的关注。他们强调学生体验，让学生自己动脑，得出结论，鼓励学生创作富有个性的艺术作品。在英国的博物馆、艺术馆，都能够看到学生带着美术老师布置的作业进行自主观察、学习。

◎ 布置分层次、可选择的作业

日本学者波多野谊余夫在《怎样培养自学能力：学校教育的新任务》中提出，作业设计要着重考虑学生能力的差异，根据每位学生现有的基础，分层次设计作业，这样既能满足各个层次学生的作业需求，也能降低部分学生对完成超出自己能力的任务的抵触心理。②

① 王聿松. 迈向数学有效教学新境界 [M]. 南京：河海大学出版社，2013：256.
② 波多野谊余夫. 怎样培养自学能力：学校教育的新任务 [M]. 熊琦，张小克，译. 北京：新华出版社，1989：58.

在英国，教师更关注学生在课外作业上的参与度，并把作业的内容分为必做和选做两个部分。通过不同层次的作业激发不同学习水平的学生，使他们能可持续地进步与发展。

5 怎样评价和反馈课外作业最到位？

对作业批改与反馈的研究从来没有间断，而且越来越深入、系统。最初主要围绕某一具体问题展开实验研究，聚焦于探讨作业评价与学生学业成就之间的关系，旨在探求何种作业反馈方式能够提升学生的学业成就。美国心理学家罗西（Rise）和亨利（Henry）通过实验研究，指出教师对学生的课外作业进行批改并给予反馈，一方面可以及时检验学生课堂所学的程度及效果，另一方面又可以帮助学生及时改进薄弱项。

后来的反馈研究越来越明确，要发挥作业反馈的积极作用，不应仅仅关注作业批改对学生成绩的影响，更要关注其对学生全面发展的影响。

◎作业评价与反馈要及时

罗西和亨利所进行的“反馈及时性研究”实验表明，及时评价并反馈学生的作业结果有助于强化学生的学习动机，提高学业成绩。①

◎作业评价与反馈要公正、客观

齐格勒（Ziglar）等心理学家进行的“反馈公正性研究”表明，反馈信息的公正、客观会对学生作业热情与兴趣产生重要的影响。②

① 侯变变．初中语文家庭作业的有效性研究 [D]. 喀什：喀什大学，2018：4.
② 中央教育科学研究所比较教育研究室．简明国际教育百科全书（教学下册）[M]. 北京：教育科学出版社，1990：446.

◎ 作业评价与反馈要具体、明确

教师对课外作业给予反馈对学生具有积极作用。沃尔伯格（Walberg）等人的综合研究和罗萨里奥（Rosario）等人的发现表明，教师给予具体、明确、针对性强的作业评价和反馈对学生更有意义，对学生的学业成绩有积极的影响。[①]

◎ 作业评价与反馈的形式要多样

1. 评语优于其他形式

帕斯卡（Paschal）、维斯坦（Weinstein）和沃尔伯格对家庭作业的相关文献进行梳理，发现 85% 的家庭作业都有效，而教师进行评分或给出评语的家庭作业对学生学习成绩的提升更有效。[②] 巴特勒（Butler）把学生分成三组，分别给予三个组别的学生"等级""评语""评语 + 等级"三种不同的反馈形式，结果表明得到"评语"反馈的学生学习成绩提升程度明显高于其他两种反馈形式。[③]

2. 顺应性评语优于特殊性评语

有研究者指出，不同类型的书面作业评语对成绩的影响是不同的。

佩奇（Page）曾进行一项实验，他将每个班的学生分成三组，每组给予不同的评价方式。第一组仅给出等级，没有评语；第二组给予等级和特殊性评语，相同等级作文给出同样的评语，不同等级的作文给出不同评语；第三组给予等级和顺应性评语，针对每个学生的情况给出改进的建议和指导。实验结果表明，顺应性评语最有利于学生成绩提升。[④]

---

① PEDRO, ROSÁRIO, JOSÉ, et al. The Effects of Teachers' Homework Follow-up Practices on Students' EFL Performance: A Randomized-group Design[J]. Frontiers in Psychology, 2015（6）: 1528.

② PASCHAL R A,WEINSTEIN T,WALBERG H J. The Effects of Homework on Learning: A Quantitative Synthesis[J]. The Journal of Educational Research, 1984, 78（2）: 97–104.

③ WALBERG H J, PASCHAL R A, WEINSTEIN T. 1985. Homework's Powerful Effects on Learning [J]. Educational Leadership, 1985, 42（7）: 76–79.

④ 冯忠良，伍新春，姚梅林，等. 教育心理学 [M]. 3 版 . 北京：人民教育出版社，2015：255.

3. 建设性批评应与表扬相结合

凯德勒（Cardelle）和科尔诺（Corno）研究了三种书面评语的效果："表扬""建设性批评""建设性批评＋表扬"。结果表明，使用"建设性批评＋表扬"评语的学生成绩最好，参与的学生认为"建设性批评＋表扬"更有助于提升自己的学习兴趣。[①]

由此看出，单独的"表扬"或"建设性批评"并不能较好地提高学生的学习成绩，针对每个个体提出"建设性批评＋表扬"最有利于提升学生成绩，也是学生最喜欢的评语形式。

◎作业批改符号有讲究

对作业批改符号的研究非常关注符号对学生身心发展的影响，教师为了使学生在学业上获得更多的成就感，更倾向于使用其他符号来替代"√""×"。如，加拿大的教师通常用"?""/""—"来表示学生做得不对的地方。日本的相关研究显示，小学教师用小圆圈代表题目正确，大圆圈代表正确且解法有新意，这种富有变化的符号信号会对学生心理产生积极的影响。

◎作业批改可结合新技术以提高效率

2010年，智利的研究者设计了一款支持语法教学的移动学习软件，旨在辅助教师批改学生作业，通过追踪学生的学习情况，能在一定程度上提高学生学习西班牙语语法的效率。学者们对一所公立学校的七年级学生进行了相关实验。结果表明，超过70%的学生认为该软件对提高西班牙语有帮助。

---

① CARDELLE M, CORNO L. Effects on Second Language Learning of Variations in Written Feedback on Homework Assignments[J]. TESOL Quarterly, 1981（15）: 251–261.

6 怎样指导家长发挥作用?

美国密苏里大学哥伦比亚分校和田纳西州立大学心理学联合小组认为，课外作业要发挥出积极促进学生对课堂知识的理解和灵活应用的作用与功效，离不开教师、家长、同伴等的有效支持与帮助；学生在课外作业方面需要帮助的程度主要受学生年级和学习习惯的影响。

家长在学生完成课外作业的过程中起着非常重要的作用，如果家庭和学校联合起来，对学生进行指导和督促，会非常有助于培养学生良好的学习习惯，乃至终身学习的学习态度。

为促进家校联系，更好地发挥课外作业的作用，教师要做好以下准备：

- 向家长详细说明检查课外作业的程序。
- 鼓励家长为有效的课外作业献计献策。
- 让每个学生准备一本校务日记（记事本）。
- 为每个学生准备一张记录学生在校情况的表格。

◎三种家校联系的日常方式

日常的家校联系机制，必须便捷、高效、易操作、易坚持。教师可以通过以下三种方式进行指导和管理。在执行过程中，教师需要常常对这些指导和管理课外作业的家校联系方式的可行性进行检查，并需要定期询问学生家长对这些方式的意见和建议。

1. 让家长知晓学生在校表现和所学内容

（1）要求学生在校务日记上用三五句话概括自己每天学到的内容。校务日记每周最后一天带回家，星期一交回，上面要有家长签名。

（2）让家长每天过目记录学生在校情况的表格并签字。

这样就把家庭和学校紧紧地联系在一起。此外，这种程序本身就是培养学生责任心的一种很好的方式。

2. 让学生讲述回家后的活动

每天早上，让学生自告奋勇地讲述前一天放学后或周末的活动。这样，教师不仅能从侧面了解学生课外作业的有关情况，又可以加强学生的表达能力，同时给其他学生一些关于怎样安排放学后时间的启示。

3. 让学生总结一周所做的事情

每周末，让学生在校务日记上详细总结这一周做过的事情。这种日记每星期一次，这样教师和家长就可以比较及时、准确地发现每个学生的进步和问题所在，以便及时帮助解决问题。

◎请告诉家长怎样指导课外作业

如果家长能够和学校教师保持经常的联系，就能及时知道学生在学校的进步情况，从而减轻心中的焦虑感，还能得到教师在课外作业上给予学生的建议和帮助。同时，家长希望学校布置什么样的作业的心声也可以及时反馈给学校和教师。

学生在课外作业方面需要帮助的程度主要受学生年级和学习习惯的影响。一般而言，低年级的学生在课外作业方面需要得到较多的帮助。首先，要保证学生理解课外作业的要求。当孩子没有完全理解题目的要求时，家长不妨和孩子一起做几个题目，然后再看着孩子做后面的题目。做完之后，家长要当面帮助检查，并且要及时对正确的题目予以表扬，对做错的题目予以方法上的引导和纠正。同时，家长在指导孩子课外作业的过程中应让孩子明白课外作业的重要性。

为了避免越俎代庖情况的出现，家长或教师需要弄清楚学生出现问题的症结所在，以合作伙伴的角色参与到学生解决问题的过程中。经常性地给予启发式的设问和鼓励性的评价，帮助学生解决他们在完成课外作业过程中遇到的困难。

要让家长在学生课外作业的指导上发挥积极作用，教师需要对家长进行必要的指导。以下是来自美国研究小组的专业建议，你可以了解这些建议，以便与家长顺利沟通，并提供专业指导。

1. 来自美国密苏里大学哥伦比亚分校和田纳西州立大学心理学联合小组的建议

（1）保证孩子每天晚上都有一定的课外作业时间。

（2）询问孩子对课外作业的要求是否理解。如果不理解，要为孩子示范解决一至两个类似问题。

（3）让孩子把教师批阅过的课外作业拿给自己看，以便对孩子哪里掌握得很好、哪里没过关都做到心中有数。

（4）与教师保持联系，经常了解孩子在班上的情况，包括每一个阶段学习的重点和难点，并主动请教教师如何做孩子学习的支持者。

（5）始终确信一个事实：教师和家长都希望做好同一件事情，即帮助学生学习和成长。

（6）在家长和孩子都不理解课外作业的要求时，在家长也不能够提供帮助的时候，一定不要害怕跟教师联系。

（7）任何时候都不要替孩子做课外作业，而是要帮助他们学会自己完成。

（8）让孩子知道自己对课外作业非常重视。即便是孩子写作业时没法在他身边，有空时也一定和孩子一起把作业过一遍。

（9）对孩子作业的进步要慷慨地当面表扬，并且把发现优点和予以表扬作为一种习惯。

（10）让孩子把得意之作收集在一起，形成一个“代表作品集”。

（11）向教师寻求帮助孩子培养良好习惯方面的建议和指导。

（12）帮助高年级孩子合理规划课外作业的日程与进度，做好过程中的督促与支持。

2. 来自查尔斯和海伦·施瓦布基金会（Charles and Helen Schwab Foundation）的建议

> **寻找一个合适的学习伙伴**
>
> 我女儿念一年级，跟一个“学习伙伴”在一起学习时最认真。这个伙伴是我们家的邻居，比我女儿高两个年级。没作业时，她们一起玩玩

具；有作业时，她们一起做作业，一起以儿童的语言和思维方式进行交流，学习的效果很明显。特别是低年级的学生，从小就一定不要表现出离群索居，否则会导致孤陋寡闻，智力发育也会因此变得缓慢。

——K. 艾根伯格

把作业变成一种情境之旅

当学生做作业的环境跟作业的内容相吻合时，他们的兴趣、想象力和创造力都处于非常活跃的状态。比如，做四则混合运算方面的练习，就把相关的数字换成是各种物品的单价，让学生直接到超市里购买各种喜欢的物品，最后让学生学会自己算好总账，知道收银员应找回多少钱。这样的课外作业过程非常有趣又有意义，学生从来都是很兴奋的。

——L. M. 史坦斯

充当教师

在我和孩子谈起课外作业时，我们经常互相充当教师的角色。更多的时候我都是让我5岁的儿子当我的老师。首先是他给我讲当天他在学校的学习和生活情况。然后我们一起开始做作业。我常常装作没有弄明白，让我的儿子针对自己会做的题目把思考的过程和道理说出来，"教"会我做。每当我觉得他解释得头头是道时，我便假装恍然大悟。那时的他别提有多神气了。我发现，他"教"会我的那些知识，他记得最牢。

——K. 翰拉

寓教于乐

寓教于乐是最讨巧的方法。大多数学生在开始学数学时都觉得很困难。这时家长如果能够抓住学生普遍的占有欲来教数学，方法就很奏效。比如，我常常把香喷喷的脆鱼片当作教学辅助道具。在学生们抢着吃鱼片时，我开始教他们做减法练习，如做对了，面前的鱼片就归他们所有。这时算式中的数字不再是抽象的数字，而是变得生动且有意义。

——瓦勒莉·李

别出心裁的创意

对学生课外作业的指导要注意变换方式和方法。指导的方式和方法越是新颖，学习效果越是积极。比如，当学生在记单词拼写时，我就把一张砂纸放在他的习字本下，这样起伏不平的砂纸纹理使学生在书写的过程中增加了更多的感受，因此加深了拼写的印象。有时候给他一根小棍子，让他蘸水在地上写字，或随便找一个硬的物体在沙地上写字。丰富的体验使他们对单词的拼写记忆非常深刻。

——苏珊·皮妮

制订学习进步表

我与儿子的教师经常联系，了解他学习的潜力，并和儿子达成一个“君子协定”，于是一张学习进步表就这样制成了。一个阶段结束后，我会和儿子面对面地进行恳谈会，首先让他做自我总结报告，然后我和他的老师一起对他的现状与进步表上的预期进行对照，发现差距，寻找原因，然后共同商讨改进的办法。这种方法很有效，因为也算是发展性的评估吧，所以儿子有时候会主动提前把汇报的工作准备好，于是学习和进步变成了一种主动的要求。

——米契尔·奥卡茵

下篇

课外作业创意实践的国际样本

很多国家的中小学教师在语言艺术、数学、科学和社会研究等领域的作业设计上展开了富有个性与创意的实践。学生通过或网上收集资料信息，或现场实地走访参观，或情景化表演，或项目化学习，在完成作业的过程中发现了知识，发展了思维，培养了能力，激发了兴趣，增进了情感，学习的意义得到有力彰显。

第一部分
语言艺术作业

语言艺术作业以循序渐进的课程标准为基础，通过新颖有趣的表现形式和贴近生活的设计旨趣，为学生建构起一个丰富多彩、智趣盎然的作业世界。这些作业，或让学生热爱自然，热爱生活；或让他们认识自我，学会待人接物；或与长辈探索历史，关心社区发展；或关注多元文化，放眼整个世界……

小学 让语言在童话世界翱翔

童话运用儿童的语言，展现儿童的世界，叙说儿童的故事，是儿童视角语言艺术体验的生动体现，对小学生具有天然的亲和力，对他们的识字、口语表达和尝试写作起到积极的促进作用。

《蝴蝶飞》《“阿扁斯坦利”在哪里?》《班级宠物写博客》和《超级英雄创作》就是基于童话的视角，让小学生的想象力彻底放飞。《记忆中的妈妈——母亲节纪念品》让学生从童话走入现实，是学以致用的精彩篇，作为母亲节的礼物，简直精妙绝伦!《被子的故事》讲述的则是文化传承及多元化的意义。

蝴蝶飞①

◎适用年级

幼儿园至2年级

◎课程描述

这节课是让学生用真正的毛毛虫完成一项关于蝴蝶的研究。每个学生每天都要做自己的观察日志，并完成蝴蝶的三态变化表。

① 据 http://www.beaconlearningcenter.com/Lessons/Lesson.asp?ID=2325 编译。

◎学习目标

1. 能用手稿形式清晰地书写（例如，正确书写印刷体数字和大小写字母；使用从左到右的顺序；注意单词和句子之间的空格）。

2. 能用图片或文字进行口头描述或写作，以记录观点并进行思考。

3. 能了解生物随着时间推移的变化（例如，植物从种子到开花、蝌蚪会变成青蛙）。

4. 会区分过去、现在和未来。

◎材料准备

· 毛毛虫，每三名学生一只	· 绘本《好饿的毛毛虫》
· 蝴蝶日志本	· 可以变成蝴蝶的毛毛虫木偶（可选）
· KWL 评价表（见附录 1）	· 不同作者写的有关蝴蝶的书
· 写作评价表（见附录 2）	· 长条公告板纸，每名学生一张
· 铅笔、蜡笔、彩色铅笔、剪刀、胶水	· 投影仪和幻灯片
· 杂志和蝴蝶图片	· 彩色或白色纸板
· 白板、马克笔，或黑板、粉笔	· 数码或即时摄影机

◎准备工作

1. 将 KWL 评价表（见附录 1）复制到图表纸上，供全班学生使用。

2. 为每位学生准备一本蝴蝶日志本。设置样本，让学生明白哪种样本好，哪种不好。

3. 准备一个有关蝴蝶生长时间线的例子。

4. 通过网络研究蝴蝶，寻找蝴蝶的照片或图片，找关于蝴蝶的书。

5. 订购孵化后两周的毛毛虫。

6. 制作一张关于蝴蝶从幼虫变成蝴蝶的海报，或购买一张相关内容的海报。

◎活动过程

1. 阅读绘本《好饿的毛毛虫》。

2．使用 KWL 评价表以确定学生对蝴蝶的了解程度。

3．分享：我们将看到自己的毛毛虫变成一只蝴蝶，但并不是所有的毛毛虫都会变成蝴蝶。

4．学生组成 3 ～ 4 人学习小组，使用马克笔、蜡笔、彩色铅笔等，创建一份个人“蝴蝶日志”。画出所见，并使用已知单词写出句子（查看单词墙）。格式要求：文字清晰易懂，文字之间有空格，有标点符号，没有划痕和涂抹，符合写作评价表（见附录 2）的写作标准。

5．当蝴蝶破茧飞出时，在教室里绘制蝴蝶生活的时间表。

共计用时 11 天。

◎作业内容

1．毛毛虫今天有什么变化？更大了还是更小了一点儿？蛹是什么颜色的？今天的环境是怎样变化的？看到排泄物了吗？毛毛虫食量下降了吗？请把所见所思写入日志。

2．复习每日在“蝴蝶日志”中所用的新单词。

◎附录

附录 1　KWL 评价表

我们已知的蝴蝶知识（Know）	我们想知道的蝴蝶知识（Want）	我们已学的蝴蝶知识（Learned）

附录 2　写作评价表

	🙂	😐	🙁	需要帮助
你有每天画图吗？				
你有每天用文字描述图片吗？				
你有每天在日志里标注日期吗？				
你能熟练地写日志吗？				

“阿扁斯坦利”在哪里？[①]

◎适用年级

2年级

◎学习目标

学习各种体裁的写作，如杂志、信件、故事、诗歌和报道等。本作业重点学习书信的正确格式，并以“阿扁斯坦利”的方式寄到各处。

◎文化背景

“阿扁斯坦利”（Flat Stanley）是杰夫·布朗（Jeff Brown）所写的一篇同名儿童故事中的主人公。斯坦利是一个小男孩，有一天不幸被广告告牌击中，被砸得像一块扁扁的薄煎饼，从而得名“阿扁斯坦利”。但他因祸得福，体验了不少冒险的乐趣，比如说，被叠进一个信封寄到了西海岸。

◎活动过程

1. 阅读《阿扁斯坦利》，集体讨论阿扁斯坦利能利用自己的优势做什么。每人制作一个阿扁斯坦利，拍照留念后把他寄到另一个州。教师事先向家长要来各种有效地址，确保信可以寄到。

2. 用几张钉在一起的白纸，制成一个“阿扁斯坦利见闻录”。把与阿扁斯坦利的合影贴在首页，写几句关于自己的话，还要介绍阿扁斯坦利的故事。

3. 在教师的指导下写一封信，注意格式要正确。内容是要求收信者把阿扁斯坦利带到社区各处转转，以满足阿扁斯坦利的好奇心。当然，还要把这

① 据 https://www.richlandone.org/cms/lib/SC02209149/Centricity/Domain/1452/Home%20%20School%20Connection%20E.pdf 编译。

些所见所闻写进随信的“阿扁斯坦利见闻录”，并寄回原址。

4. 收到回信后，在地图上标注阿扁斯坦利的旅游路线，并分享他的见闻。在获取另一个有效地址后，这封信连同“阿扁斯坦利见闻录”可以被再次寄出，开始下一次旅行。

5. 这个活动可以基于网络进行，持续一整年。

◎作业内容

依照所得的信息，到另一个班级汇报，或向朋友、父母汇报阿扁斯坦利的探险之旅。

班级宠物写博客①

◎适用年级

3～5年级

◎学习目标

1. 用描述法总结班级活动。
2. 及时记载所发生的事情。
3. 学习使用不同的视角进行写作。

◎作业内容

选择一个班级宠物，或假想一个宠物，以宠物的视角观察班里发生的事件，并进行描述。

◎教师支持

教师指定网站，给学生提供博客工具和样本；告诉学生，所写的文章将上传到博客上发表，以激励学生的写作热情。

① 据 http://www.educationworld.com/a_tech/techlp/techlp055.shtml 编译。

◎ 作业简评

1. 以宠物的视角描写班级活动，上传的文章一律署名宠物的名字，可以保障网络安全，保护学生的个人隐私。

2. 对不同的学生，可以弹性对待，做到因人施教。

3. 作业与网络技术整合，可以给学生更大的发展空间。

4. 博客的持续性、纪实性使之成为一份文档，给班级留下一份成长记录。

超级英雄创作①

◎ 适用年级

3～6 年级

◎ 学习目标

激发学生对写作的兴趣，培养学生的创造力。

◎ 活动过程

1. 回答问题：你喜欢超级英雄吗？你最喜欢的英雄是谁？

（1）写下令你印象深刻的超级英雄，说明自己是被此人的何种特质吸引的。是他的服装、超能力？还是个性、身世？或是在抗争反派过程中凸显的魅力？

（2）学生相互交换作品，讨论所选超级英雄有哪些相似点和不同点。

2. 分享交流：新冠疫情对我们的生活方式产生了巨大影响。

（1）在居家隔离期间，为了使隔离不那么难熬，你做了哪些事？是锻炼身体、学习烘焙？还是冥想、写日记？

（2）漫画人物或超级英雄在你的生活中发挥了什么作用？你从漫画人物

---

① 据https://www.nytimes.com/2020/09/28/learning/lesson-of-the-day-kids-need-superheroes-now-more-than-ever.html 编译。

或超级英雄身上学到了什么人生经验？

（3）对于正处于艰难时刻的人们，你认为什么东西能给他们带来希望和力量？

3. 头脑风暴：创作一位给因疫情而居家隔离的人们带来力量的超级英雄。

（1）他拥有什么样的超能力？

（2）他的服装、性格和人生经历是怎样的？

（3）集思广益。

◎ 作业内容

写出自己的超级英雄故事，情节设定可以很直白，如疫苗超人对抗病毒怪兽，也可以创作一个预言性的、有深意的故事。

被子的故事[①]

◎ 适用年级

4 年级

◎ 文化背景

百衲被和其他以布为基础的叙事艺术一样，是很多文化不可或缺的一部分。用碎布拼制，纯手工，大家同心协力一起制作被子，不仅是个人也是社区的目标。被子一直是妇女们以家为单位的艺术表现方式。

被子是艺术品。正如图片能够讲故事一样，被子也能讲述。一床被子的颜色、图案和材料，无不在默默地诉说着其创造者及其时代的文化特征和历史故事。

① 据 https://edsitement.neh.gov/lesson-plans/stories-quilts 编译。

◎活动过程

在课堂上，学生谈论被子的颜色、图案、款式和象征；懂得被子不仅是日用品，也是一种艺术形式；明白如何通过一定的物品（如被子）讲述故事；体会被子所承载的家庭和社会文化传统；意识到不同国家和文化的人们，都曾选择用布的形式来保存历史和传统。

◎作业内容

1. 比较不同形式的布艺艺术品，分析它们的组成成分，并用图表法展示出异同。

2. 仔细观察家里百衲被的形状、图案、色彩和材料等，它告诉了你什么？把你所体会的故事写下来。

3. 登录老师提供的网址，查看各种被子艺术品。

4. 为自己的被子设计个性化图案，让别人能通过你设计的被子，理解或复述你想讲述的故事。把你的设计思路用文字表达出来。

记忆中的妈妈

——母亲节纪念品[①]

◎适用年级

4 年级

◎作业内容

母亲节就要来了。请依照下列题目，每天写一段文字。

· 和妈妈一起度过的一个节日。

① 胡庆芳，杨翠蓉，季磊，等 . 美国学生课外作业集锦 [M]. 北京：教育科学出版社，2008：22–23.

· 和妈妈在一起的开心一刻。
· 妈妈给我的最好的建议。
· 我跟妈妈撒小谎的时刻。
· 妈妈最让我敬佩的事情。
· 跟妈妈一起的难忘旅行。
· 妈妈给我的一次教训。
· 我的妈妈很特别，因为……
· 我的妈妈最开心，当……

还可以加入一些你自己想写的内容。之后将所写的文字汇总，制成《记忆中的妈妈》一书，送给妈妈作为节日礼物。也可以写一位你生活中特别的亲人。历时一周。

◎作业简评

在“妇女节”和“母亲节”的时候，我们的学生也没少写贺卡向母亲表达爱意。但让学生自己制作一本书，从各个角度写妈妈，还可以画插图、贴照片等，收到书的时候，妈妈的开心可想而知。这将是一份多么丰厚的礼物啊！

吉米杰特和他的电视机①

◎适用年级

4 年级

◎教师支持

如果我们不能对自己的行为负责，会有什么样的后果呢？通过下面一首有趣的诗歌，培养学生对个人健康负责的良好品质。

① 据 http://www.beaconlearningcenter.com/Lessons/Lesson.asp?ID=3294 编译。

吉米杰特和他的电视机

我要跟你说说吉米杰特的故事
你知道我说的都是事实
他曾经多么喜欢看电视
花的时间之多简直就像你

他整日地看啊，整夜地看啊
渐渐地他变得苍白又消瘦
他从早间节目，看到晚间节目
中间的节目当然也一个不漏

他看到眼睛合也合不拢
屁股和椅子亲密地相连
下巴变成了调台的转盘
头发里也长出了天线

他的大脑变成了显像管
他的脸变成了电视屏幕
还有两个写着“音量”“开关”的按钮
长在了耳朵之处

他还长出个插子，看起来像尾巴
所以我们就把他插上电啦
现在不是吉米杰特看电视
而是我们团团坐着来看他

——谢尔·希尔弗斯坦（Shel Silverstein）《人行道的尽头》

◎作业内容

1. 完成下面的表格。

表1 原因和结果

	原 因	结 果
1		他的眼睛合不拢
2	他长出尾巴一样的电插子	
3	我们把他插上电	

表2 责任

谁	对谁	做了或未做何事	责任
吉米杰特	对自己		
吉米杰特的家人	对吉米杰特		
吉米杰特的家人	对他们自己		

2. 按上面表格的提示，写一封信给父母，告诉他们自己已经知道了养成良好习惯的重要性。

时间：光和影[①]

◎适用年级

3 年级

① 胡庆芳，杨翠蓉，季磊，等 . 美国学生课外作业集锦 [M]. 北京：教育科学出版社，2008：35-36.

◎文化背景

日晷又称“日规”，是古代人利用日影确定时刻的计时器。日晷的种类很多，根据晷面所处位置的不同可分为地平式、赤道式、子午式和卯酉式等多种，功能也不尽相同。

◎学习目标

1. 知道可以通过太阳的位置确定一天内的时间。
2. 利用地球在绕太阳转动时产生的影子，可以更科学地确定时间。
3. 学习做一个简易的日晷。
4. 学习用日晷记录影子的方法，明确影子的变化与一天中时间点的数据的对应关系。

◎活动过程

1. 思考：如果没有钟表，如何知道时间？
2. 展示：日晷及其工作原理。
3. 制作：就地取材，制作一个简单的日晷。
4. 实验：

第一天 记下日晷上当前影子的位置，预测一个小时后影子的位置。一个小时后精确标出影子的新位置。正午时分，再标出影子的位置。如果一切正常，这次的影子应该是正在日晷中心线上的短短的一条。

第二天 在一张新日晷记录表上，标出第一天同一时间的影子位置。

5. 总结：将两天记录的结果进行比较，并说明原因。

◎作业内容

研究在其他文明中，人们是怎样记录时间的流逝的，如英国的巨石阵、中国的日晷和沙漏、美国怀俄明州的医药轮等。

名词练习①

◎图片来源

《有伊卡洛斯坠落的风景》(*Landscape with the Fall of Icarus*)，是彼得·勃鲁盖尔(Pieter Bruegel the Elder)1558年的油画作品。

◎作业内容

1. 假设你就在画里面，说出8个你能看到和摸到的单数形式的具体名词，如马(horse)。在这里，只说单数形式的。

2. 现在找出8个复数形式的具体名词，如树(trees)。

3. 有多少个复数形式的名词是单数形式直接加“s”或“es”构成的？如动物(animals)。你能说出一些其他的复数构成吗？你有没有注意到有些名词的单数形式和复数形式是一样的呢？如绵羊(sheep)。

4. 发挥想象，说出4种你看不到摸不着但又确实表现在画里的东西，如阳光(sunlight)。它们有的不可数，有的还可能是抽象名词。

5. 有没有集合名词在里面？如兽群(herd)。找一找，写出来。

6. 如果你够仔细的话，你还可以找到另一类名词，就是专有名词，是什么呢？

---

① 据 http://www.americanteachers.com 的作业样例编译。

初中　让思维插上想象的翅膀

学生通过语言文本的学习，不仅可以习得文学知识，感受文化魅力，同时能锻炼和发展思维能力。其中，想象和联想是学生基于文本又超越文本的重要途径与历练，由此获得的发散性思维又会让学生经历不断的发现与体验。

《即兴喜剧　给戏剧人物编写台词》《如何欣赏艺术?》给了学生广阔的想象空间；《马丁·路德·金、莫·卡·甘地与非暴力力量》推动学生思维能力的发展；《历史的冲击——与父母对话》《我是谁? ——辨识自我》旨在加强学生的人际关系智能和自我反省智能；《设计一个能体现小镇特色的欢迎标牌》《从一首圣诞歌看节日商机》和《情人节海报》，都旨在把真实还给学生，为学生架起想象与生活间的桥梁。

即兴喜剧　给戏剧人物编写台词①

◎适用年级

8 年级

◎教师支持

英国公立布默希中学最有特色也最有挑战性的家庭作业，当属名为

① 杨静林，曾祥敏 . 英国公立中学家庭作业管窥 [J]. 基础教育课程，2021（6）：21–27.

“自主学习挑战”（Independent Learning Challenges，ILCs）的家庭作业。根据布默希中学入学指南的描述，ILCs 作业具有五个目标：一是巩固、支持和拓展课堂所学知识与技能，二是为学生参加英国“中等教育普通证书”（The General Certificate of Secondary Education，GCSE）考试做准备，三是拓展和挑战自我，四是培养学生在学习中的责任感和独立性，五是激励学生付出努力和获得成功。

◎作业内容

1. 从莎士比亚（Shakespeare）的戏剧《暴风雨》（*The Tempest*）中挑选两个人物进行描述。

2. 从两个人物中选择一位进行绘图，并说明人物在神态、体态或服装道具设计上如何达到喜剧效果。

3. 解释概念“Lazzi”（一种意大利戏剧表演技巧，中文翻译为“把戏”），并举例说明一种使用了“Lazzi”的电视节目。

4. 尽量使用本学期课程中学到的戏剧技巧，编写不少于 10 行的即兴舞台剧台词。

◎作业简评

此项作业需要学生自主收集、分析并提炼资料，这一过程使学生理解课程的主要概念，以巩固所学的知识；在戏剧作业中融入美术课程的绘画要求，体现了跨课程知识与技能的融合；让学生举例说明使用了“Lazzi”手法的电视节目，则需要学生通过观察建立生活实际与所学知识的关联；编写台词对话让学生在创造性活动中实践所学的理论知识，有利于激发学生的创造力和想象力等潜能。

如何欣赏艺术？①

◎ 适用年级

6 ～ 9 年级

◎ 学习目标

即使是没有获得艺术学位的人，也能从参观艺术展览中获益。即使对所看的东西一无所知，欣赏艺术也能给我们的大脑带来好处，并提升表达能力与沟通技巧。本课旨在激发学生对艺术的热爱，培养学生的表达能力与创造力。

◎ 活动过程

1．思考下面的问题。

（1）你去过艺术博物馆吗？

（2）你能想到哪些能激发积极情绪的艺术作品？是绘画、雕塑还是照片？

（3）你曾仔细观察过哪些物品？是艺术品还是自然界中的东西？是家中的物品还是商店中的货物？你注意到了什么？为什么会感兴趣？

2．访问美术博物馆官网。

（1）选出一组你喜欢的艺术作品集。仔细观察画面并思考：这些作品让你产生了怎样的感受？你为什么要选择这些作品？它的画面是鲜艳还是暗淡？线条是简洁还是凌乱？

（2）想象你所选择的作品的第一笔应该是什么样的。创作者想让观众产生怎样的情感？与朋友分享所选的作品，然后互相交换对作品的看法。

3．找出你最喜欢和最讨厌的艺术作品。

（1）全班同学分享参观艺术展览的经历，并分享自己最喜欢或是最讨厌

① 据 https://www.nytimes.com/2020/10/01/learning/lesson-of-the-day-how-to-get-the-most-out-of-art-even-when-youre-not-sure-you-get-it.html 编译。

的艺术作品。

（2）玩“买—偷—烧”游戏。学生选择三幅画作，分别是自己喜爱到想买的、需要到想偷的和憎恨到想烧的，并给出理由。

（3）谈一谈：对憎恨的作品，能否通过分析作品的内容和自己对作品的反应，更加了解自己的内心？

◎ 作业内容

1．从网上下载一张照片，运用想象，大胆描述照片中发生了什么，并说明为什么会得出这样的结论。

2．教育家和医生都认为仔细观察画面细节对大脑有好处。你觉得哪些职业可以通过参观艺术展览获益，说明理由。

3．寻找一张你认为能够训练警察观察技巧的照片，并写出理由。

马丁·路德·金、莫·卡·甘地与非暴力力量[①]

◎ 适用年级

6 ～ 12 年级

◎ 课程描述

这节课向学生介绍非暴力哲学和莫·卡·甘地（Mohandas Karamchand Gandhi）的教义，了解甘地对马丁·路德·金（Martin Luther King, Jr.）的影响。在观看两人的视频资料之后，思考非暴力哲学对政治的影响，并探索其与个人生活和当代社会的相关性。

◎ 前导作业

1．就“如何最好地达到目标”这一问题，甘地与马丁·路德·金是否意见一致？

① 据 https://edsitement.neh.gov/lesson-plan/martin-luther-king-jr-and-power-nonviolence 编译。

2. 思考非暴力抵抗是否有效。

◎学习目标

1. 分析甘地和马丁·路德·金发展的非暴力哲学。
2. 评估非暴力抵抗的成功程度。
3. 评估非暴力抵抗与自己生活的相关性。
4. 在当代冲突背景下，对非暴力抵抗能否作为行动手段进行评估。

◎课前阅读

甘地和马丁·路德·金关于非暴力哲学的著作。

◎活动过程

1. 看照片并讨论。

教师出示非暴力抗议的照片，引导学生进行课堂讨论。学生对照片中非暴力的实践与马丁·路德·金的非暴力哲学进行对比，思考：照片在多大程度上阐述了马丁·路德·金非暴力的概念？照片捕捉不到的东西又有哪些（如动机、道德承诺、历史背景）？这些照片是否揭示了马丁·路德·金的非暴力哲学所忽视的非暴力行为的其他方面（如人身危险、爆炸性情绪、暴力）？

2. 讨论马丁·路德·金的著作。

（1）在争取自由的斗争中，马丁·路德·金是如何在暴力和非暴力之间做出选择的？他预测暴力会导致什么？他承诺非暴力会导致什么？回顾过去，他是个可信的预言家吗？

（2）非暴力行动是如何运行的？马丁·路德·金描述这一进程有哪些阶段？“张力”在这个进程中扮演什么角色？在何种程度上暴力是这一进程的一部分？公众意识如何促进非暴力行动的成功？在一个没有言论自由和新闻自由的社会，非暴力行动能起作用吗？马丁·路德·金认为什么样的人会参与非暴力行动？在多大程度上他们是战士或和平缔造者？政治和宗教在他们的思想中起着什么作用？恨与爱在他们决定行动的过程中扮演了什么角色？你自己会加入一场非暴力抗议吗？

3. 讨论甘地是何人。

网络搜索并查看有关甘地的视频和资料，讨论甘地的政治活动及非暴力不合作的主张。

4. 比较甘地与马丁·路德·金两人之间的异同。

甘地的想法与马丁·路德·金相比如何？马丁·路德·金在哪些地方遵循了甘地的教义，在哪些地方有不同之处？注意：我们的讨论不是要决定谁对谁错。甘地和马丁·路德·金都在实践中证明了他们的思想，领导了非暴力的社会革命，打破了他们国家的压迫法则。然而在钦佩他们两人的同时，人们仍然可以认识到，他们为非暴力的实践提供了两种方法，一种植根于反对，另一种则是抗议。

5. 举办一场脱口秀，讨论如何把非暴力哲学运用于当今世界。

通过课堂上的脱口秀，思考非暴力与自己的生活是如何相关的，我们能否在个人层面上实践这一社会变革哲学？两位学生扮演嘉宾，一位学生担任脱口秀主持人。大家可以讨论校园暴力、学生群体之间的对立或人际冲突。让“听众”中的学生描述他们的情况，并让两位嘉宾为处理这些问题提供切实可行的建议，体会非暴力不合作、创造性张力、痛苦和自我牺牲这样的想法是如何转化为日常行动的。

◎作业内容

1. 写一篇关于非暴力哲学的短文，并说说我们可以从中学到的东西。

2. 调查并比较甘地、马丁·路德·金和曼德拉的职业生涯。非暴力是曼德拉政治哲学的基础，但他在职业生涯中也接受武装抵抗的必要性。曼德拉领导了南非反对种族隔离的斗争，并最终脱颖而出，成为南非总统。阅读《漫漫自由路：曼德拉自传》，上网查阅有关反对种族隔离斗争的历史文献。探索曼德拉思想倾向之间的相互作用，参照他最终的胜利和非暴力的政府转型，了解思想的力量。

设计一个能体现小镇特色的欢迎标牌①

◎适用年级

5～8年级

◎学习目标

为自己所在的社区小镇设计一个欢迎标牌，要求能体现小镇的风貌、特色与精髓。材料不限，鼓励布贴画、拼嵌画等多种表现形式。

◎活动过程

1. 集体讨论。

（1）如果你要向一个旅游者介绍自己的小镇，你该如何刻画它的风貌？

（2）哪些是旅游者应该了解的？

（3）什么样的标牌能够体现你所在小镇的特色？

2. 阅读资料。

阅读一篇评论赌城拉斯维加斯欢迎标牌的文章，了解该标牌的制作材料，分析它的创作精神、表现意图及成功之处等。

3. 小组合作。

设想欢迎标牌的创作，思考下列问题：

（1）你的小镇是什么时候建立的？是在什么情况下由谁建立的？

（2）小镇现在的面积多大？人口多少？

（3）小镇的主要产业是什么？

（4）小镇有哪些风景名胜、历史遗迹、标志性建筑和风俗特色等资源可以借用？

---

① 据 http://www.nytimes.com 的作业样例编译。

◎ 作业内容

1. 每人制作一个欢迎标牌，鼓励运用不同的材料进行制作。

2. 为你的标牌写一个创作随想。

故事背后的新闻 ①

◎ 适用年级

7 年级

◎ 活动过程

1. 研究一份本地报纸，弄清它的组成部分，如国际新闻、国内新闻、体育赛事、天气预报、娱乐副刊等。

2. 3～4 人一组，合作完成一页报纸的采编工作。

3. 教师给每个小组发一篇短篇故事，故事要求可读性、趣味性强，短小精悍。小组集体讨论该故事的特点，如背景（故事在哪里、何时发生）、情节（故事的开端、发展和结局）和人物（故事中的重要角色以及他们的动机）。

4. 选材并写出故事背后的新闻，小组里每个人的任务各不相同，如犯罪故事要有警方报道、目击者采访；人物专访要有人物的喜怒哀乐等。

5. 到网上下载“时事通讯格式”模板，把小组各成员的作品整合到一起，按一页报纸的形式编排。加入标题、副标题、编辑人名、日期和插图等。注意中心主题要保持一致，打印后展出。

◎ 作业内容

整理上交小组集体讨论的笔记。

---

① 据 http://www.educationworld.com/a_tech/techlp/techlp016.shtml 编译。

灰姑娘系列故事[①]

◎ 适用年级

6 年级

◎ 活动过程

1. 热身活动。

（1）教师给学生读《三只小猪盖房子》的故事，然后画一张包含所有角色的图表。让学生思考这个故事的叙述者的立场，引导学生明白这是小猪的立场，在传统版本中，狼没有说话的机会。

（2）告诉学生，任何事件、故事、辩论等，都不可能只有一个版本。引导学生思考《三只小猪盖房子》中的狼会怎样想。给学生读另一个版本《三只小猪正传》，这里面狼可是一个无辜的受害者！

（3）比较两个版本的故事，告诉学生“视角”的概念，提出问题：关于狼，你了解了什么？你相信它的故事吗？ 你现在对狼是不是同情了一些呢？为什么？

2. 导入活动。

（1）引导学生回忆所知道的《灰姑娘》的故事版本，一起画出故事情节流程图。

（2）读《格林童话》中《灰姑娘》的原创版本，再观看同名电影。

（3）完善故事流程图，添上各种角色，包括灰姑娘、魅力王子、继母、继姐妹、灰姑娘的父亲、国王、王后和神仙教母。

3. 学生活动。

用不同人物的“视角”写出灰姑娘的故事。写完后同学之间互相审定和校对。绘制插图后制成个性化的书，组织一个欣赏活动并邀请父母参加。还可以把书捐赠到学校图书室，留给低年级同学欣赏。

---

① 据 https://www.thirteen.org/edonline/lessons/cinderella/index.html 编译。

◎作业内容

假设你是灰姑娘，请用日记记录你生活中的这一段历程。请重点记录你在继母家中的感受、对舞会的印象、对魅力王子的看法以及婚后的城堡生活。

历史的冲击
——与父母对话①

◎适用年级

6 年级

◎学习目标

根据谈话目的，可以选择不同的表达方式（如指示方向、参与讨论、分享经验、作报告、讲故事、作演讲、通知、采访或阐述调查结果等）。本课着眼于采访。

◎活动过程

1. 选择历史事件，拟定采访稿。

教师提供一些历史事件的阅读资料，如第一个登上月球的人、肯尼迪总统遇害、尼克松总统辞职、"挑战者"号飞船失事、马丁·路德·金遇刺等。让每个学生确认一个发生在父母或祖父母时代的历史事件，在老师的指导下，学习如何拟定采访稿，可以到网上查询相关信息。下面三个问题必须列入采访稿。

（1）事件发生时，你在哪里？

（2）你的感受如何？

（3）你认为这一历史事件对今天有什么影响？

① 据 http://www.richlandone.org 的作业样例编译。

2. 根据采访稿，进行模拟采访。

教师审核学生的采访方案，注重突出时间、地点、人物、事件、过程和结果等。学生在老师指导下进行一次模拟采访。

3. 对模拟采访进行反馈评价。从下列角度对学生的采访进行评价。

（1）信息组织是否合理有序？

（2）是否始终忠于最初目标？

（3）是否与被采访者有目光交流？

（4）所用语言是否得体？

◎ 作业内容

采访父母或祖父母后在班级汇报，并形成书面文字报告。优秀作品录入班级网页。

美在观众的眼里 ①

物品会讲述故事。我们每一个人都拥有自己独特的物品，它对别人来说或许毫无意义，但对自己来说，它记录着某个特别的时刻，是自己或家庭的一个里程碑式的象征。

◎ 适用年级

8 年级

◎ 学习目标

1. 明白个人经历会影响我们看待世界的立场。
2. 懂得价值的多样性及个人行为对物品的增值性。
3. 通过聆听并分享别人的故事，增强自己的忍耐能力和接纳能力。

---

① 据 http://www.peacecorps.gov 的作业样例编译。

◎ 活动过程

1. 思考什么是自己独特的“宝贝”物品，它记录了什么样的特别时刻。

2. 每个学生把自己独特的“宝贝”物品带到班级，把班级布置成一个类似小博物馆的展览室。

3. 学生参观展品，并记录自己对每一件物品的第一反应。

4. 物品的主人发言，运用各种表达手段，讲述“宝贝”对自己的意义。听众可以自由发问，进一步了解这一物品。

◎ 思考总结

1. 当你所看重的东西，被别人近距离研究甚至评论时，你有什么感受？

2. 你看同学的展品，第一次看和第二次看有什么不同的感觉？倾听可以改变我们对其他事物的理解吗？

3. 通过这一次训练，关于别人，关于自己，你学到了什么新东西？

4. 如果在这一次活动中，你的同伴是来自其他文化背景的人，你会怎样让他们来理解你的“宝贝”，你又怎样看待他们认为美的东西？

5. 对于我们不能马上喜欢和理解的东西，怎样做才能保持开放的头脑？列一张清单，时时提醒自己。

◎ 作业内容

1. 面对新的情境、陌生人、音乐、食物或文化的其他方面，你的第一反应是什么？请做定期记录，并与同学分享你在理解上的进步。

2. 跟在国外的志愿者通信（通讯录由教师提供），请他们分享自己的理解与成长经历。

3. 邀请一个海外回来的和平志愿者（Peace Corps Volunteer），或者你的社区里有国外生活经历的人，来班里分享他们的故事，特别是他们对不同文化的慢慢熟悉与接纳的过程。

情人节海报 ①

◎ 适用年级

6～8 年级

◎ 学习目标

通过探寻身边一对夫妻的故事，加深对爱情的理解，并把所思所感制成情人节海报。

◎ 作业内容

采访你身边的一对夫妻，可以是父母、祖父母或其他家庭成员等。整理采访记录，写出他们的故事，并加入照片，制成情人节海报。

◎ 教师支持

教师提供的适合采访的问题

- 男女主角是谁？分别有什么样的生活背景？
- 他们在什么时间、地点，以什么方式相遇？
- 他们的关系发展中遇到过什么阻碍？
- 什么事曾让他们的关系终止？
- 他们的爱情有没有什么证物，如建筑物、文章等？
- 他们生活中的角色（如工作、地位等）对其关系有什么影响？
- 关于他们所生活的时代与地点有没有特别的故事？
- 他们的爱情对如今的我们有什么样的启迪？

① 据 http://www.nytimes.com 的作业样例编译。

◎ 作业简评

本作业与时俱进，配合情人节，让学生从身边的人和事切入，更好地了解爱情与历史。生活中的熟人比名人更有说服力与亲和力。

我是谁？
——辨识自我[1]

◎ 适用年级

5～8 年级

◎ 学习目标

1. 了解表达自我的途径与方式。
2. 学习自我研究和探索的写作形式。
3. 探索在艺术中自我表达的重要性。
4. 创建各种表现自我的形式。
5. 提高认识自我的洞察力。

◎ 活动过程

我是谁？在这一课里，学生通过讨论、写作和艺术鉴赏来反思这个问题。首先学生一起定义“身份”的含义和价值；然后鉴赏两位摄影家的作品，看其作品是如何表现艺术家的“身份”的；最后要用绘画、泥塑、拼贴画、摄影等艺术形式来回答“我是谁”这一问题。

---

① 据 http://www.thirteen.org/edonline/lessons/whoami/index.html 编译。

◎教师支持

爱默生（Emerson）语录

如果你相信你自己的思想，相信你心中的真理就是全人类的真理，那么你就是天才。

信任你自己吧，每颗心都会随你的钢铁意志共鸣。

◎作业内容

自由写读后感，或就下列问题进行写作。

1. 爱默生在倡导什么？

2. 生活中你一定有或听从或违背爱默生忠告的时候，请记录下那件事情的经过和结果。

从一首圣诞歌看节日商机[1]

◎适用年级

6年级

◎教师支持

圣诞十二日歌

圣诞节的第一日，心上人送我一只梨树上的鹌鹑。

圣诞节的第二日，心上人送我两只斑鸠。

圣诞节的第三日，心上人送我三只法国鸡。

圣诞节的第四日，心上人送我四只咕咕鸟。

圣诞节的第五日，心上人送我五个金戒指。

[1] 据 http://teacherlink.ed.usu.edu 的作业样例编译。

圣诞节的第六日，心上人送我六只下蛋鹅。
圣诞节的第七日，心上人送我七只游泳的天鹅。
圣诞节的第八日，心上人送来八位挤奶的女工。
圣诞节的第九日，心上人送来九位女舞者跳跳跳。
圣诞节的第十日，心上人送来十位男舞者蹦蹦蹦。
圣诞节的十一日，心上人送来十一位吹笛手滴滴滴。
圣诞节的十二日，心上人送来十二位击鼓手咚咚咚。

根据圣诞礼物价格表算一算，为了送圣诞节礼物，心上人花了多少钱？

圣诞礼物价格表

项　目	每项花费（美元）	总　价（美元）
鹌鹑	20.00	
斑鸠	25.00	
法国鸡	15.00	
咕咕鸟	4.00	
金戒指	299.00	
下蛋的鹅	17.00	
游泳的天鹅	50.00	
挤奶的女工	10.00（每小时）	
女舞者	15.00（每小时）	
男舞者	13.00（每小时）	
吹笛手	24.00（每小时）	
击鼓手	26.00（每小时）	

◎作业内容

1. 节日设计。

小组合作，设计一个新的节日。设计内容要包括日期、图标、节日食物、节日物品、节日礼物、庆祝活动等，并为每一个项目制作图文说明。在下一次课中，让学生站在商人的立场上，评选出最佳节日设计。

2. 广告调查。

看电视或读报，记录十条广告。研究广告的目的和目标人群，消费者会如何看待这些广告和其背后的目的？广告商是怎样把语言和视觉艺术融合进媒体，以更好地销售商品的？写一篇小论文进行探讨。

3. 市场调查。

准备进行一次商业人士访问。提前列好采访提纲，如，哪一个节日商机最大？你是怎样储备货物为节日做准备的？为什么在节日前就大力宣传？你怎样决定该卖哪种货物？

写出书面调查报告。

人和动物，谁的表现更糟糕？①

◎适用年级

6 年级

◎作业内容

1. 观察。外出观察各种动物及其表现，分享观察结果，并在班级创建一个“动物行为举止图表”。

2. 写作。听故事《永别了，阴凉的林间空地》，该故事讲述的是，城市发展的同时，林间空地的动物居民遭殃了。选取故事中的一个角色，以动物的视角，写一封信，谈谈动物们的遭遇。

---

① 据 http://www.pbs.org 的作业样例编译。

3．网上学习。上网查找动物的资料，写一个汇报，说明某个动物的栖息地、习性及其与人类的关系。

4．趣味想象。如果下列情形出现，你会有什么反应？想象人与动物不期而遇的趣事，写成故事，并把故事分享给低年级的学生。

· 一只鸭子进了游泳池。
· 一只大象进了餐厅。
· 一只臭鼬进了晚宴厅。

5．制作新闻广播。"在很多动物糟糕的举止背后，是一个瞎指挥的训练者。"这句话你是否同意？结合加利福尼亚州中部约塞米蒂国家公园熊的遭遇，写一个新闻广播稿。完成后，至少发布给一个听众欣赏。

我的小镇，1900[①]

◎适用年级

6 年级

◎学习目标

1900 年的小镇是什么样子的？谁住在小镇里？人们以何为生？他们的行为举止是什么样的？小镇有什么主要产业？它们的地理位置有什么特别之处？这些产业后来是发展变化了还是消失了？

通过网上学习和研究，学生能够回答这些问题，并理解自己家园的历史。

◎活动过程

1．掌握互联网的使用方法，访问与美国社会的变迁、小镇的兴起、城市人口数据、美国铁路地图、20 世纪的工业、20 世纪的重大问题等相关的

① 据 http://www.pbs.org 的作业样例编译。

网站。

2. 重现 1900 年的小镇，可做模型或用电脑模拟，要包括商业中心、市镇中心、商业、建筑、工业、交通、休闲处、地图等。

◎作业内容

1. 访问一位年长的本地人，采访问题包括以下方面。

- 这些年您目睹了什么变化？哪些变化对小镇有好处？为什么？
- 哪些变化是不好的，为什么？
- 您希望参加哪些小镇年度项目？
- 有什么小镇年度项目消失了吗？为什么会消失？
- 您对小镇最美好的童年回忆是什么？
- 在同一个小镇度过大半生，有什么益处和弊端呢？
- 如果能从头选择，您还愿意住在这个小镇吗？

把采访结果以各种形式呈现出来，可以是论文、网页、多媒体文件，也可以是口头报告。

2. 模拟 1900 年的会议、小镇项目或聚会，选择心中的人物，穿上复古的衣服，扮演他们的角色。

高中 让社会倾听心灵的声音

思维能力的发展，不仅需要有发散性思维拓展认知的宽度，还需要逻辑思维和批判性思维的进一步助力，挖掘认知的深度和厚度。持续的阅读、表达、写作，在支撑思维能力不断向纵深发展的同时，也让学生经历着人文精神、文化底蕴、社会责任的历练与升华。

《金鱼是最好的宠物》可以锻炼学生多方面的思辨能力；《从“六字回忆录”看语言的力量》让学生感受到语言带给人的力量；经过《评价儿童电视节目》《制作旅游指南手册》这样的训练，学生逐渐拥有独立思考的能力和不迷信权威的精神；《比萨斜塔会倒下吗?》《制作冰激凌促销单》，旨在模拟未来，让学生接触真实的生活；《马丁·路德·金的梦想》和《激活梦想——做一百件善事》旨在引导学生关怀社区、关注他人。

金鱼是最好的宠物[①]

◎适用年级

9～12年级

① 据 http://www.beaconlearningcenter.com/Lessons/Lesson.asp?ID=5315 编译。

◎ 作业描述

思维辅助图（Graphic Organizer）的运用可以帮助学生选择事实，说服听众同意某个观点。本作业运用“金鱼是最好的宠物”这一论点，学习哪些是支持论据，哪些是反驳论据。

◎ 学习目标

学会选择并使用适当的写作前策略，如头脑风暴（Brainstorm）、大纲（Outline）和思维辅助图。

◎ 课前准备

1. 每个学生至少需要用三种思维辅助图（课堂将提供两种，学生可以另外选择一种自己喜欢的辅助图备用）。

2. 投影仪、有足够书写面积的白板或黑板。

3. 不同颜色的马克笔、粉笔或铅笔。

4. 学生人手一份作业评估标准（见附录 1）。

5. 为没有思路的同学列出论点。

6. 选一位书写清晰的同学担任班级秘书。

◎ 活动过程

1. 你养了什么宠物？为什么会选这种动物为宠物？学生回答上述问题，班级秘书记录在黑板或白板上。

2. 头脑风暴：金鱼或青蛙是否会成为好宠物？也可以从学生的答案中选择一种动物进行头脑风暴。

3. 列出这种动物能成为好宠物或不能成为好宠物的理由（至少各三点），班级秘书用不同颜色对学生的反馈进行编码，以方便视觉型学习者。

4. 学习如何使用思维辅助图，并以“金鱼是最好的宠物”为论点，写出各种支持论据和反驳论据，完成“金鱼是最好的宠物”对立面（反面论点）映射图（见附录 2）。

5. 为每个学生提供另一份思维辅助图，选择一个不需要深入阐述的论点，重复同样的头脑风暴步骤，训练学生对思维辅助图的运用。下列论点可供参考。

· 钢笔比铅笔好。
· 学生应该在高中上电脑课。
· 小学生不应该参与竞技运动。

6. 让学生形成对立面（反面论点），并根据这些信息完成一个思维辅助图，突出最重要的支持论据和最重要的反驳论据。让学生明白，一个论点的支持论据，也可以是它相反论点的反驳论据。

◎作业内容

1. 根据所形成的思维辅助图，写一篇有说服力的论文或演讲稿。

2. 选择一个论点和一种思维辅助图，在图上列出论证时所需要的关键信息。

◎附录

附录1　作业评估标准

A. 所选的论点。
B. 作者对本论点的意见（论文陈述）。
C. 支持论点的四个论据，并凸显最重要的论据。
D. 反对者对这一论点的看法（对立面）。
E. 反面论点的四个论据，并凸显最重要的论据。
F. 反驳反面论点的四个论据。

附录2　“金鱼是最好的宠物”对立面（反面论点）映射图

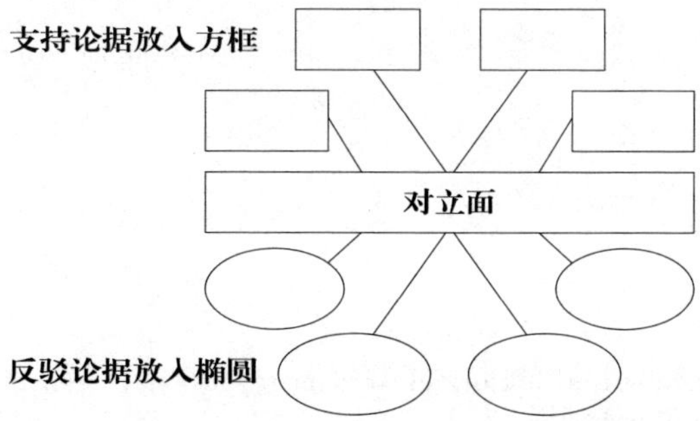

从“六字回忆录”看语言的力量 ①

◎适用年级

9～12 年级

◎学习目标

1. 研究作者是怎样在既定的语境下试图选择最有效的单词进行多重暗示的。

2. 在词组内涵和语域的基础上，考察词组内部的异同。

3. 在创建、反思和修改回忆录的同时，思考对单词和信息的选择。

◎文化背景

六字回忆录

六字回忆录（Six Word Memoirs）是美国 SMITH 杂志下的一个项目，其特色是用六个字来讲述人生故事。精心选择的六个字可以组合产生很多令人拍案叫绝的精彩故事。该项目的官网已经分享了超过 130 万个六字小故事，并且还在不断增加中。感兴趣的读者可以在官网投稿。

据说海明威也曾用六个字写了一篇文章：

For sale: baby shoes, never worn.（售童鞋，未曾穿。）

话外音：一个多么悲伤的故事！精心准备的婴儿鞋，居然没有机会穿。

---

① 据 https://www.readwritethink.org/classroom-resources/lesson-plans/exploring-power-language#ResourceTabs4 编译。

下面是官网上一些有趣的六字回忆录，请欣赏这种简洁却有力的文学体裁。

六字回忆录	话外音
Uninstall 2020. It has a virus. 卸载 2020，有病毒。	人生就像计算机程序，2020 年被染上病毒了。
What have been your pandemic wins ? 病毒年，啥收获?	
I've gained pounds does that count. 收获意外体重。	吃吃睡睡养肉肉，这是多数人的噩梦。
Less work and more family time. 工作少，团聚多。	隔离在家让人意外收获了更多和家人在一起的时间。
I've a mask for every occasion. 我时刻戴着口罩。	新冠病毒已经逼着我们养成良好的习惯了。
Earth looks fragile from outer space. 从外太空看，地球很脆弱。	我们需要更好地保护地球。
With every sunrise, I am reborn. 太阳出，得重生。	每天都是全新的开始，让痛苦遗留在过去吧。
Standing on the edge of curiosity. 站在好奇边缘。	保持好奇心，保持求知欲。
Strong roots can weather any storm. 根壮能御风暴。	唯有自身强大，才能不惧任何艰难险阻。
Knowledge is power, words are weapons. 知识就是力量，话语就是武器。	活到老，学到老。
Skies remind us to look up. 天空让我们抬头。	无论顺境还是逆境，蓝天就在那里，给人无限的遐想与启迪。
Yesterday's snowman is today's toilet water. 雪人融，厕水足。	屈原也说："沧浪之水清兮，可以濯吾缨；沧浪之水浊兮，可以濯吾足。"

下面是2020年新冠病毒疫情肆虐期间，居家隔离的孩子们在官网上写的六字回忆录。①

六字回忆录	话外音
Great moms aren't always great teachers. 好妈妈不总是好老师。	不谈学习，母慈子孝。 谈起学习，鸡飞狗跳。
I regret saying, "I hate school". 我不该说讨厌学校。	不能上学的日子，才知道校园的可爱。
Was catlike: napped, ate, avoided humans. 像猫一样生活：睡觉、吃饭、躲人。	疫情让人变成动物了！
Lifesavers: doctors, cousins, teachers, elections, Minecraft. 生命的救赎者：医生、表亲、老师、选举、《我的世界》(游戏名)。	维持生命的东西，已经精简成这样了，太艰难了。
The world is a fragile place. 世界如此脆弱。	我们要好好生活，与其他生物和平共处。

◎活动过程

第一课时

1. 讨论什么是回忆录和生活故事。是否需要写一本小说来解释一个人的"生活故事"？你能说出塑造了自我的一个事件吗？请你写一段生活回忆录，但只能用六个字。

2. 通过投影介绍六字回忆录的概念。

3. 通过下面的问题，开展课堂讨论——如何写六字回忆录？

·六字回忆录最让你感到惊讶的是什么？

·故事和回忆录有什么区别？为什么要讲故事？谁最了解你的故事？

① 据 https://www.sixwordmemoirs.com 的作业样例编译。

· 把自己的故事精练成六个字，为什么是既可能又不可能的呢？你认为谁做得最好？为什么？

4. 观看“六字回忆录”视频，然后集思广益，开始写自己的六字回忆录。

5. 写下单词的释义或同义词并提供几个例句。

6. 分享自己的单词释义和例子，倾听者在单词释义和例句中寻找相似之处与不同之处。当英语中可能有多个能够表达相同或相似概念的单词时，讨论诗人或作者如何选择“最好的词”。要明白，同义词确实表达了相似的意思，但它们也因内涵、语域、声音及节奏的不同而不同。

· **内涵** 单词所承载的情感或个人联想，超出了字面上的含义。
· **语域** 单词的正式或非正式程度。
· **声音和节奏** 能够提升单词恰当性的音节和韵律。

◎ 作业内容

撰写自己的回忆录，供下一堂课使用。

第二、三课时

1. 点出“焦点词”的同义词。

从自己的回忆录中选择一个“焦点词”，并列举出它的各种同义词。同义词可以是任意词性（如名词、动词、形容词、副词或介词），但不要选择“the”或“and”等虚词。

2. 探索同义词在内涵和语域方面的差异。

用几分钟时间做出同义词列表（如有必要，可以查阅同义词库），思考它们在内涵和语域方面的实际差异。在老师的指导下使用在线工具进一步探索同义词、内涵和语域的概念，并列出与焦点词相似但随着内涵或语域的不同而改变的单词。

3. 重写六字回忆录。

重写自己的六字回忆录，用同义词代替最初选择的词。最好写出相同内容但表达方式与用词不一样的多个版本。

4. 分享修改过程和思路。

完成作业定稿后，学生轮流分享经验。要求从分享原始回忆录开始，说明后来运用了哪些同义词进行改编，定稿的回忆录（说出改进的思维过程）又是什么。其他学生可以就词汇选择提出问题。

5. 发布回忆录定稿。

◎作业内容

1. 与同学合作，创建一本关于六字回忆录的班级日志。

2. 按照上课所看的视频模式，创建一个班级视频。

3. 把自己写的六字回忆录提交到教师提供的六字回忆录官网。

4. 尝试学习其他短文写作，如俳句。可按照相同的步骤，在写作中替换不同的同义词，培养选词能力。

评价儿童电视节目①

◎适用年级

9～12 年级

◎活动过程

1. 问题思考。

（1）小时候，你最爱看的电视节目是什么？你为什么喜爱它？

（2）这些不同的节目有什么共同之处？成功的儿童节目都有什么样的品质？哪些对学生特别重要？哪些对家长特别重要？

2. 课内活动。

集体阅读《弗雷德·罗杰斯，〈罗杰斯先生的左邻右舍〉的主持人去世，享年 74 岁》，并进行深入讨论。在这篇文章里，作者阐述了该主持人的生平、节目宗旨、节目特色及受到一代又一代小观众欢迎的原因。

---

① 据 http://www.nytimes.com 的作业样例编译。

3. 能力拓展。

（1）讨论什么样的标准可以造就优秀的儿童电视节目，对于不同意见，可以列举对照标准。

（2）谈谈自己对儿童电视节目的定位，并论证其可行性。

◎作业内容

1. 写一写童年时最爱的电视节目。

2. 阅读主持人弗雷德·罗杰斯（Fred Rogers）回忆著名儿童电视节目《罗杰斯先生的左邻右舍》的一篇文章。该节目是美国经典儿童节目，历时三十多年不衰，教育了一代又一代儿童。

3. 集体讨论优秀儿童电视节目的特色，可加入自己对节目的定位进行分析。

4. 写一篇对当前某个电视节目的评论。

比萨斜塔会倒下吗？①

◎适用年级

9～12年级

◎学习过程

1. 认识比萨斜塔。

（1）上网查找资料，认识比萨斜塔。写一篇关于比萨斜塔历史的报告。

（2）学习函数计算器的用法，并计算比萨斜塔的高度。

2. 论证比萨斜塔会不会倒下。

（1）学习如何使用“几何画板”，并使用该软件探讨比萨斜塔倾斜的原因。

（2）从物理学的角度解释比萨斜塔为何倾斜，是否有一天真的会倒下。

① 据 http://www.educationworld.com/a_tech/techlp/techlp036.shtml 编译。

◎作业内容

1. 写一篇分析报告。
2. 制作一份去意大利的旅游攻略。设计旅游行程图，并进行经济预算。

马丁·路德·金的梦想 ①

◎适用年级

9～12年级

◎文化背景

“华盛顿游行”概况

“华盛顿游行”的全称是“华盛顿工作与自由游行”。1963年8月28日，成千上万来自各行各业的美国人，参加了这一游行。虽然“华盛顿游行”的主要目的是为美国黑人的自由抗争，但马丁·路德·金为所有美国人的自由贡献了一生。因为他坚信，只要有一个人尚未得到自由，那么其他人的自由也不是真正的自由。

◎活动过程

1. 学习马丁·路德·金的生平。

（1）在黑板上画一个气泡图，把马丁·路德·金的名字写在中间。在周围的气泡里，写上自己知道的关于马丁·路德·金的词或短语。

（2）聆听《马丁·路德·金自传》中的一段介绍其生平的文字，对马丁·路德·金有一个大概的印象。阅读另一篇文章《如果你生在马丁·路德·金的时代》，了解当时的历史背景。

2. 了解历史上的人权运动。

① 据https://edsitement.neh.gov/lesson-plans/martin-puryears-ladder-booker-t-washington编译。

（1）通过网络，访问马丁·路德·金的出生地。

（2）通过网络，了解“华盛顿游行”的盛况和参加人员的广泛程度。想一想，是什么力量让这些不在被压迫之列的人也参加了本次游行活动？

（3）回忆历史上人权运动先驱者的事迹，说一说他们为把美国梦实现在每个公民身上所做出的种种贡献；明白直到今天，战斗一直没有停息，和马丁·路德·金一样的有志之士仍在努力。

3. 感受马丁·路德·金演讲的力量。

聆听马丁·路德·金在“华盛顿游行”上的演讲《我有一个梦想》，记录下让人深思的句子，并讨论它们的意义。

4. 让梦想继续。

讨论美国国内存在的不公平现象。思考问题：所有的美国人都获得了真正的自由吗？为什么？谈一谈由种族、民族、性别、语言、经济地位等的不同所引起的种种不公平。如果马丁·路德·金在世，他又会如何做呢？画出气泡图。创办画册，标题为“我有一个……的梦”。

◎作业内容

采访家庭成员，把采访的结果整合到创办的画册中。采访问题可参考：

1. 对你来说，自由意味着什么？

2. 你认为你是自由的吗？

3. 如果马丁·路德·金还活着，你认为他会为今天的美国人民做点什么？

激活梦想
——做一百件善事[1]

◎适用年级

9～12年级

---

[1] 据 http://edsitement.neh.gov 的作业样例编译。

◎学习目标

在学习完《马丁·路德·金的梦想》之后，学生需要把所学到的信仰与道义运用到实践中去。“激活梦想——做一百件善事”这一作业，是为了这一目的而设计的。它鼓励家庭、社区对学校行动给予配合，让年轻人知道，只要拥有坚定的为大众造福的梦想，并付诸行动，世界就会因我而不同。

◎教师支持

从理论到实践三部曲

·从书本到自我　把所学所见所闻所思与自己的生活联系起来，深入体会历史中的人与事。

·从书本到书本　把所读到的各种关于同一事件的文章整合起来，最大限度地提取信息。

·从书本到世界　这是我们的首要目的。如本作业，在学完《马丁·路德·金的梦想》后，学习他的精神，努力实现我们生活的梦想和我们世界的梦想。

◎活动过程

1. 每人设计一个日历，用来记录所做的每一件善事。
2. 集体讨论：我们可以做些什么？如收集可循环废品，捐赠玩具到无家可归者收容中心，在家帮祖父祖母弟弟妹妹，在校帮助其他同学等。
3. 写一封信，邀请亲戚、朋友、邻居、社区熟人等，记录和监督我们做善事。
4. 对班级里面的好人好事，可以利用宣传栏及时表扬。所写的表扬便条，在本作业完成之后，贴入自己的剪贴簿存档留念。
5. 选择一个可以让整个班级同时参加的项目。
6. 在项目按计划完成之后，开一个庆功会，邀请父母、亲戚、邻居、社区朋友等参加。

制作旅游指南手册①

◎适用年级

12年级

◎文化背景

《玛咪姑妈》

《玛咪姑妈》是美国的一部电影，故事发生在美国20世纪大萧条时期。玛咪打扮艳丽、谈吐机敏俏皮，充满活力，是不受传统约束的社交名流，整天忙于享受生活。这时，家里来了她年轻的侄子佩特克。哥哥临死前把从小受严格传统教育的儿子交给不守规矩的妹妹监护。不放心的他临死前指定遗嘱执行人要保护儿子免受妹妹的教唆。但热情的姑妈带着侄子玩得很开心。

◎活动过程

1．思考：人们为什么喜欢旅游？什么地方可能受到人们的青睐，为什么？

2．阅读：读文章《想玩吗？调用玛咪姑妈吧》。

3．明确任务：为玛咪姑妈的侄子的同龄人写一份旅游指南。任务由集体承担，每人必须选取一个话题，如饮食、旅馆、名胜、运动、古迹、交通等。

4．分工合作：学生集体讨论分工合作、内容比例等问题，然后分头收集信息，并进行撰写、编辑、插图、校对等工作。

◎作业内容

1．从自己所在的城市或社区，选择一个适合同龄人游览的地方，进行写作、编辑、插图、排版，制作旅游指南。同时与不同任务的同学一起，完成

① 据 http://www.nytimes.com 的作业样例编译。

包含有衣食住行内容的旅游指南。

2. 如果你是一位导游，请为你的学校写一份导游解说词。

去了，但未被遗忘[①]

◎适用年级

10年级

◎学习目标

了解古埃及等古代文明的历史，以及人们对前世今生的看法。

◎教师支持

提供完成作业可能用到的资料，如相关的历史书、百科全书、宗教参考书、宗教和古文化网址。

◎活动过程

1. 古今对比。

（1）想象自己是一个可选择生存时空的有名的统治者。思考：你喜欢生活在何时何地，为什么？你希望在去世后人们如何纪念你？举行什么样的祭奠仪式？用哪些物品陪葬？人们会建造什么样的纪念碑？会把你葬在哪里？

（2）把眼光投向现代名人，如福特总统等。他们去世后，人们是怎样纪念他们的？有什么样的仪式？与前面你所设想的有什么共同点？

2. 小组合作。

利用历史书、百科全书、宗教参考书、宗教和古文化网址等资源，研究印第安文化、玛雅文化以及古希腊、古罗马、古印度、古代中国和北欧古国等文化。选取其中一种文化，从经济、政治、宗教、妇女地位和人们对前世今生的信仰等方面入手，了解这种文化的特色。

---

① 据 http://www.nytimes.com 的作业样例编译。

3．分享发现。

把自己有趣的发现与班级同学共享，讨论古人对来生的信仰与今人的宗教信仰之间的关系。

◎作业内容

选择某种宗教，研究信仰这种宗教的人对前世今生的看法，分析这种看法对他们的信仰与精神生活产生的作用，写一篇论文，用海报的形式展示。

制作冰激凌促销单①

◎适用年级

10年级

◎活动过程

1．独立思考。

设想如何制作一款冰激凌，思考下列问题：你打算把它做成什么味道？使用什么配料？用什么器皿装起来？在作业本上写下你的回答。

2．拓展阅读。

阅读一篇关于冰激凌的文章，进一步了解冰激凌的文化背景、人们喜欢它的原因、个性化冰激凌的制作方法、各种原料的特别之处等。

3．分组活动。

学生分为六组，撰写有关冰激凌的宣传稿件。稿件要包括以下内容。

历史

· 冰激凌是什么时候发明的？

· 最初是怎样制作的？

· 有什么历史和文化意义？

① 据 http://www.nytimes.com 的作业样例编译。

· 科技是如何影响冰激凌的出现和发展的?

种类和产品

· 最常见的冰激凌有哪些形式?

· 哪些食品被用来搭配或装饰冰激凌?

· 附近超市有哪些品种出售? 选取一款特别的冰激凌，重点关注。

· 有哪些跟冰激凌联系起来的物品或工具?

过程和配方

· 牛奶是怎样变成奶油的?

· 如何大批量生产冰激凌?

· 自己家里如何制作冰激凌?

· 一个样品冰激凌的配方是什么样的?

替代品种

· 为什么有冰激凌的替代品出现?

· 哪些不含乳脂肪的冰激凌替代品在被大量生产?

· 冰激凌替代品在哪里销售?

· 与真正的冰激凌相比，其替代品有什么特点?

经济分析

· 近期的牛奶是什么价格? 对冰激凌的价格有什么影响?

· 1品脱（1品脱≈0.568升）的冰激凌平均售价多少? 调查几种品牌，列出价格范围。

· 1品脱冰激凌的成本是多少? 和超市里的售价相比，相差多大?

· 美国冰激凌产业有多大? 去年产值多少? 五年前的产值多少?

营养成分

· 冰激凌属于哪种食物?

· 制造冰激凌的基本原料是什么? 计算它们各自的营养成分和热量。

· 冰激凌制造商如何改变冰激凌的配料，以迎合消费者的健康和膳食结构的需要？

· 比较配料相同但制造商不同的两种冰激凌的口味。

◎作业内容

1. 基于上述研究，制作冰激凌促销单，注意不同顾客群体的心理，并注意与不同的促销地点相吻合。

2. 品尝一种冰激凌，写一份美食评论。

看肖像，读作品

——从视觉和文学角度分析埃德加·爱伦·坡①

◎适用年级

9 年级

◎活动过程

1849 年 6 月，安妮请人为爱伦·坡制作了这幅照片，现收藏在盖蒂博物馆里。

1. 外貌描述：班级分 4 ～ 5 组，看埃德加·爱伦·坡（Edgar Allan Poe）的肖像，写出描述他外貌的形容词。

2. 小组阅读：从爱伦·坡的诗歌《给安妮》《海中之城》《沉睡者》《钟声》和《乌鸦》中选择一首阅读，小组合作写出描述该诗歌的形容词。

3. 比较分析：小组比较描述外貌和描述诗歌的形容词，回答问题。

（1）它们哪些地方相吻合，哪些地方不同？

（2）当我们和一个人初次见面时，很容易以貌取人。从爱伦·坡的外貌

① 据 http://www.getty.edu/education/for_teachers/curricula/portraits/portraits_lesson02.html 编译。埃德加·爱伦·坡，19 世纪美国诗人、小说家和文学评论家，美国浪漫主义思潮时期的重要成员。

看，我们容易了解他的性格吗?

（3）爱伦·坡的诗歌是如何展示他的性格的?

4. 分享：每组派一个代表，朗读爱伦·坡的作品，陈述小组对上述问题的思考。比较不同小组的结论。

5. 传记阅读：阅读爱伦·坡的传记。关于爱伦·坡，人们对他的了解很少，因此视觉观察和文学作品分析对了解爱伦·坡是很有帮助的。

◎作业内容

安妮让人为密友爱伦·坡制作了这幅照片。在给安妮的一封信中，爱伦·坡写道："我觉得《给安妮》是我写得最好的诗行。"对于肖像，他的评论是，"我的生活看来是荒废了——未来好像是一片沉闷的空白"。结合这些话，再读《给安妮》，这些都预示了爱伦·坡的未来生活吗?写一篇文章，记录你的发现。

阅读《格列佛游记》①

◎适用年级

12年级

◎文化背景

《格列佛游记》

《格列佛游记》是英国著名讽刺作家乔纳森·斯威夫特（Jonathan Swift，1667—1745）的代表作，是一部远远超出儿童读物范畴的奇书。全书由四卷组成，每一卷中，主人公格列佛都要遇到难以想象的问题，这位英国外科医生出身、升任船长的冒险家，分别在小人国、大人国、飞岛国等地游历，构成了《格列佛游记》的四个部分。小说通过虚构的

① 胡庆芳，杨翠蓉，李磊，等.美国学生课外作业集锦[M].北京：教育科学出版社，2008：86-87.

情节、夸张的手法，对当时英国社会的政治、法律、议会、竞争、军事、教育、社会风尚乃至整个人类的种种劣根性都进行了无情的讽刺和抨击。

◎学习目标

1. 理解斯威夫特对科学进程所带来的负面影响的批判。
2. 了解其他作家对人类滥用科学所带来的后果的警告。

◎活动过程

1. 课外阅读。

《1984》（乔治·奥威尔，George Orwell）和《美丽新世界》（阿道司·赫胥黎，Aldous Huxley）

这两篇小说，一方面反映了技术可以改变人性，另一方面提出了最高当局可能运用技术手段来控制个体。同时，指出当人类可以随便改变基因以消除人类弱点时，那些推动人类前行的伟大品质可能也会黯淡下来。

《海底两万里》（儒勒·凡尔纳，Jules Verne）

接二连三的海难事件，震惊了全世界。阿龙纳斯教授和助手康塞尔、鱼叉手尼德·兰为了抓海怪竟被"鹦鹉螺"号的舰长尼摩软禁，并展开了一段惊险的海底之旅……

《时间机器》（赫伯特·乔治·威尔斯，Herbert George Wells）

时间旅行家是对科学有所藐视的威尔斯式的英雄，具有极强的能力，却无法改变现实。

2. 比较联系。

把上述小说中作者对科学直接或间接的批判，与《格列佛游记》中的批判联系起来，指出这些批判是有意夸张还是基于事实的预言。

3. 制作海报。

透过小说来研究作者和作者所在的时代，思考是哪些事件促成了作者书中的观点，记录下来，并以海报的形式展出在学校的主要进出口。

◎作业内容

1. 如果斯威夫特生活在21世纪，他会对我们的生活有什么看法？列出可能被斯威夫特作为讽刺目标的东西。选取一个方面，写一篇讽刺论文或讽刺故事。

2. 政治漫画一直是一种普遍而有效的讽刺形式。从报纸或杂志上，收集三幅政治漫画，分析漫画家讽刺的目标和事件。向班级作口头汇报，并解释为什么说“一张图片可以胜过千言万语”。

多元智能①

◎适用年级

10年级

◎文化背景

霍华德·加德纳（Howard Gardner）是世界著名教育心理学家，被誉为“多元智能理论”之父，是美国哈佛大学教育研究生院心理学、教育学教授，波士顿大学医学院精神病学教授，哈佛大学“零点项目”研究所主持人。其专著超过20本，发表论文数百篇。超过20所大学颁给他荣誉学位。《纽约时报》称他为美国当今最有影响力的发展心理学家和教育学家。哈佛商学院教授称：“加德纳是本时代最明亮的巨星之一，他突出表现了人类成功的不同智慧。”美国特质教学联盟主席称：“推动美国教育改革的首席学者，加德纳当之无愧。”加德纳的研究还包括创造力和领袖学。

① 胡庆芳，杨翠蓉，季磊，等.美国学生课外作业集锦[M].北京：教育科学出版社，2008：88-89.

◎学习目标

1．理解霍华德·加德纳的多元智能理论。

2．比较多元智能理论中的智能和传统智能理论中的智能的异同点。

3．探索多元智能理论对学校和社会的意义。

◎活动过程

1．讨论：传统智能理论中“聪明”的含义、社会期待以及对智能的衡量方法。

2．学习资料《霍华德·加德纳的多元智能理论》，讨论哪些智能在学校备受重视。学校开设的各门课程，分别侧重哪些智能？

3．学习资料《名人传略》，讨论这些名人分别拥有哪些智能，这些智能与传统的智能理念相吻合吗？

4．举例说明哪些人不符合传统人才观，但多元智能理论认为这些人是人才，再反思自己的人才观是否有所改变。

5．讨论：如果学校认同了多元智能理论，下列各项会有什么样的变化？

（1）课堂活动。

（2）课时安排。

（3）毕业要求。

6．教师给出相关网址，学生上网了解更多关于多元智能的理论。

◎作业内容

1．总结个人对多元智能理论的看法。

2．基于多元智能理论，设计一所新学校。重点注意：学校的规划、学生的组织、主要课程的教授和评价方案、师资力量的配备等。可画出设计图，并配以文字进行说明。

第二部分
数学作业

为了让学生积极主动地学习有意义的数学，教师应在数学课外作业的设计上凸显以下几点：家庭指导是任一阶段学生学好数学的有力支持；小学数学课外作业以激发学生的数学兴趣为主；初中数学课外作业的内容与形式要取材于日常生活；高中数学课外作业除立足日常生活外，还应注重对学生逻辑思维能力的培养。

小学 数学在生活中

小学数学教学除了要让学生理解基本的数学知识、掌握基本的数学技能外，还需要帮助他们体验到数学学习的乐趣和意义，引导他们爱上数学，提升他们学习的积极性和主动性。因此，小学数学课外作业往往取材于现实生活，通过日常数学活动让学生能天天谈论数学、感受数学，在活动中掌握初步的数学知识与技能。日常数学活动这一主要的课外作业形式，也使家长能在学生数学课外作业方面提供必要的指导。

1 日常数学活动①

报纸中的数学

◎适用年级

1 年级

① 据 http://www2.ed.gov 的作业样例编译。

◎学习目标

1. 通过活动训练关于加减的简单数学运算能力。
2. 通过活动培养分类能力。
3. 通过活动培养数学推理能力。

◎材料准备

报纸、安全剪刀、铅笔、胶水、纸、打洞机、纱线。

◎活动过程

1. 给学生一张报纸，一些要找的数字，如 1 ～ 25（如果学生掌握更多的数，可出 1 ～ 100）。当学生找到数字时，则用剪刀剪下，并按照数的顺序粘贴在纸上。提醒学生注意各个数字的不同之处，如有的数是字号不同，有的数是正体、斜体的不同等。让学生读出所贴的数字，并按顺序说出它之前的数与之后的数。

2. 利用所剪的数字做一个计算本。把所剪的数字贴在计算本每一页的下方，数字 1 贴在第一页，数字 2 贴在第二页，以此类推。规定贴在每一页的图画都必须是同一类别，如动物、汽车等，标上名称，并且每一页的图画数量等于贴在下方的数字。

3. 让学生说出本子上的内容，并回答以下问题。

（1）总共贴了多少张图？（1+2+3+4+…）

（2）1 ～ 3 页总共有多少张图？ 3 ～ 6 页总共有多少张图？

（3）你知道倍数吗？第 6 页的图画数是第 3 页的图画数的两倍吗？

（4）仔细数每一页的图画数，哪页纸的图画最多？

省 钱

◎适用年级

1～2年级

◎学习目标

1. 通过活动了解钱的价值。
2. 通过活动掌握简单的加减运算。

◎材料准备

1角、5角、1元、5元的纸币，商场优惠券，纸，笔。

◎活动过程

1. 给学生一张某种商品的优惠券，计算用这张券购买东西时可节约多少钱。如一瓶花生酱的优惠券是3元，给学生一些1角和5角的纸币，鼓励学生计算他需要拿出多少张不同的纸币才能凑齐3元。

2. 引导学生思考：如果有2张或3张2元的优惠券，可节省多少钱？如果是其他票值的优惠券，可节省多少钱？如果把所有的优惠券加在一起，可节省多少钱？让学生进行计算。

猜猜我在想什么

◎ 适用年级

2 年级

◎ 学习目标

在放松的环境中运用数学技能与数学语言。

◎ 活动过程

让学生在一排数字中选择一个数字，然后老师通过提问来猜数字。举例如下：

生：我的数字位于 1 ～ 100 之间。
师：比 50 大吗？
生：不对。
师：是偶数吗？
生：不对。
师：比 20 大但比 40 小吗？
生：对。
师：是从 20 开始，再依次加 5 的数吗？
生：对。

结束之后，由老师设置一个数，然后让学生通过提问来猜。

统计时间

◎适用年级

2 ～ 3 年级

◎学习目标

通过活动掌握数的统计与分析。

◎材料准备

手表或钟表、报纸、格子纸、铅笔或蜡笔。

◎活动过程

1. 让学生记录自己做作业与看电视所花的时间，帮助他制作一个两栏表格，在表头标上“电视”“作业”，并要求他把这一周内每天花在做作业与看电视上的时间填入表格中。

2. 帮助学生制作一个看电视的表格，让他计算某天晚上某个电视台正常播放节目的时间和播放广告的时间，并填入表格，帮助他根据数据描绘出饼形统计图。

3. 与学生一起统计一天内的时间安排，如睡觉、吃饭、玩耍、上学等所花的时间。帮助他制作一个 24 小时的条形统计图，1 厘米代表 1 小时，每种颜色代表不同的活动。让学生家庭中的每个成员都制作这种表格，然后比较家庭成员的活动安排。

重量的测量

◎ 适用年级

3～4年级

◎ 学习目标

1. 通过活动掌握重量的测量这一技能。
2. 通过活动提高估算技能。

◎ 活动过程

1. 了解商品的总价很大程度上取决于该商品的重量，1磅（1磅≈0.454千克）等于16盎司（1盎司≈0.028千克），使学生了解秤上画线标记的意义。

2. 在商场的称重处，集中所买商品，估算这些商品的重量。如要买1磅苹果，估计要在秤上放几个苹果或要从中去掉几个苹果。

3. 选择两个相同的水果，如橘子，左手与右手分别拿一个，感受哪个更重，然后用秤分别去称两个橘子的重量，以验证假设。

4. 回答问题。

（1）6个土豆重还是6个橘子重？

（2）1磅有多少个土豆？如果1磅土豆要10美分，那么6个土豆要多少钱？

5. 了解公制。用克与千克称同一种商品，并回答问题。

（1）1千克等于多少磅？

（2）1个苹果有多少克？ 1袋土豆有多少千克？

（3）1磅苹果与1千克苹果，哪个数量更多？

（4）1磅苹果与1千克苹果，哪个更重？

结 账

◎ 适用年级

3 ～ 4 年级

◎ 学习目标

通过活动提高心算能力。

◎ 活动过程

1．在结账处等待结账时，估计此次购物的总费用。估计的一种快捷方法是去零凑整，如一件商品的价格为 98 美分，则凑整为 1 美元。估算的价格虽不是商品的确切价格，但是是它的大致价格。这就是估算。

2．根据上面的估算价格，思考问题。

（1）如果总价是 16 美元，我们付了 20 美元，应找零多少？

（2）如果总价是 17.25 美元，那么可能会找给我们什么面值的硬币？

3．在结账处看结账单打出的总价，与估算的价格进行比较。如果共付了 20 美元，是要找零还是要再付点现金？

4．如果有找零，数一数零钱是否正确。

牌照谜语

◎ 适用年级

2～4 年级

◎ 学习目标

1. 通过活动掌握数。
2. 通过活动初步了解代数。

◎ 材料准备

牌照、纸、水彩笔。

◎ 活动过程

1. 选择一个牌照，要求用牌照中的数字尽可能组成最大的三位数，并写在纸上。如牌照是 254B116，则最大的三位数应是 654。让学生说出他们的答案，回答出 654 的学生赢得了这个回合。也可以改变游戏规则，如组成最小的三位数。

2. 如果你的学生年纪较小，可以简化游戏规则，如找出最大的个位数、最大的两位数，念出牌照上的数字、对牌照上的数字进行相加等。

3. 选择一个牌照，如 663M218，要求学生用牌照上的数字进行数学运算，如：

· 2 个数的四则运算得到 5：____2+3=5____。
· 3 个数的四则运算得到 5：____（3+2）×1=5____。
· 4 个数的四则运算得到 5：________。
· 5 个数的四则运算得到 5：________。
· 6 个数的四则运算得到 5：________。

特殊的牌照

◎适用年级

2～4年级

◎学习目标

1. 通过活动增强对数学语言的理解。
2. 通过活动增强数学推理能力。

◎材料准备

牌照、纸、尺、水彩笔。

◎活动过程

1. 选择一个牌照，把除字母外的数值念给学生听。如牌照是663M218，应念成“六十六万三千两百一十八”。让学生念其他牌照上的数值，然后让他们判断两个数的大小。

2. 可以让学生估算两个数值的差，如比10小、比100大、比1 000大。

3. 给出不同州的牌照，让学生写下这些州的名字，之后查字典查看拼写是否正确。让学生说出生活中经常看到的是哪个州的牌照，最少看到的是哪个州的牌照。帮助学生画柱形图进行比较。

愉快的旅行

◎ 适用年级

3 ～ 5 年级

◎ 学习目标

1. 通过活动了解时间与路程的关系。
2. 通过活动了解汽油总价与路程的关系。

◎ 材料准备

地图、纸、笔。

◎ 活动过程

与学生一起旅行时，借助以下机会来提高他们的数学问题解决能力。

1. 在旅行前，给学生一张地图，希望他们能成为你的导航员。帮助学生在地图上标出这次旅行的线路，教他们运用地图上表示距离的数字来估计两地之间的距离。开车前让学生看里程表并记下当前里程数。

2. 向学生解释沿路路标上数字的含义，如距某地或某城市的距离。让学生检查路线，并提前告知司机什么时候应改道，指出道路的名称及与当前的距离。

3. 在高速公路上，让学生寻找关于限速的路标并读出来，观察速度计，并指出当前是否超速。提出类似问题来训练学生的心算能力。

· 时速是 65 千米 / 小时，则 1 小时开了多少千米？
· 2 小时开了多远？ 3 小时开了多远？
· 开 500 千米需要多少小时？

4. 当汽车加油时，让学生注意共加了多少升汽油，了解每升汽油的单价，心算加 5 升汽油或 20 升汽油需要多少钱。思考有没有简便的运算方法。

5. 到达目的地，让学生记下里程表上新的数字，并算出共开了多少千米及其与估计值的差距。

猜硬币

◎ 适用年级

2 ～ 5 年级

◎ 学习目标

通过活动初步了解代数。

◎ 材料准备

不同面额的硬币、纸、笔。

◎ 活动过程

1. 不让学生看见你选择的硬币。提出类似以下问题让学生猜你手中的硬币面额。

· 我手上有 3 枚硬币，总价值是 7 美分，我手上有什么硬币？
· 我手上有 3 枚硬币，总价值是 16 美分，我手上有什么硬币？
· 我手上有 3 枚硬币，总价值是 11 美分，我手上有什么硬币？
· 我手上有 3 枚硬币，总价值是 30 美分，我手上有什么硬币？

2. 提出更有挑战性的问题，可能有多种答案。

· 我手上有 6 枚硬币，总价值 30 美分，我手上各枚硬币的面额是多少？
· 我手上有多枚硬币，总价值 11 美分，我手上可能有多少枚硬币，各枚硬币的面额是多少？

让学生不仅说出答案，还要说出理由。

我的机会有多大?

◎适用年级

2～5年级

◎学习目标

通过活动掌握概率。

◎材料准备

两枚硬币、纸、笔。

◎活动过程

1. 掷1枚硬币。

如果硬币正面朝上，则学生A得1分；如果反面朝上，则学生B得1分。掷50次，分数多的为赢家。如果赢家比对方多出10分，则再加10分。让学生注意这样的概率有多少。

2. 掷2枚硬币。

（1）如果是两个正面或两个反面朝上，则学生A得1分；如果1个正面和1个反面朝上，则学生B得1分。掷50次，最后看谁的得分多。让学生思考这个游戏是否公平。

（2）改变游戏规则，如果两个正面朝上，学生A得2分，其他情况则是学生B得1分，让学生思考最终会得到怎样的游戏结果，游戏是否公平？

3. 掷1枚硬币，再掷1枚硬币。

如果第二枚硬币的结果与第一枚一样，则学生A得1分；如果不一样，则学生B得1分。掷50次，让学生思考游戏结果是否与第二个游戏一样。

2 数学游戏

学习看钟①

◎适用年级

2～3 年级

◎学习目标

对小学生来说，看钟涉及分数和 60 进制，是一个复杂的学习过程。本课程利用网站支持，设计了各种交互式作业，并利用相关网页链接支持，以达成以下三个学习目标。

1. 了解钟的历史。
2. 学会看钟表上的时间。
3. 掌握分数 1/2 和 1/4。

◎教师支持

钟的历史

早期人们利用日晷来大致了解时间，后来使用沙漏计时。1656 年，摆钟被发明，当时钟的误差一天不超过 1 分钟。1761 年，英国人发明了航海钟，六周半内误差为 5 秒。19 世纪初开始，钟被大批量生产，价格也降了下来。20 世纪中后期，石英钟出现。1967 年原子钟诞生，到 2021 年，原子钟的精度可以达到 140 亿年误差 0.1 秒。

---

① 据 http://www.time-for-time.com/history.htm 编译。

◎活动过程

1. 制作学具钟，学习时钟的基本构成及功能。

（1）在一张长纸条上写下数字 1 ～ 12，把纸条弯曲成一个环，代表钟面。

（2）把这个钟面贴在硬纸板上，用卡纸做两个指针，一长一短，分别涂成蓝色和红色。蓝长针代表分针，红短针代表时针。利用图钉把时针与分针固定在钟面中央，这样简易的学具钟就做好了。

2. 学习小时的表达方法。

（1）把分针固定在数字 12 处，拨动时针，学会看小时。

（2）玩小组游戏：老狼，老狼，几点了？

12 个学生围成一个圈，组成一个人体钟面，每人脸上贴一个相应的数字。另外挑两个学生，一高一矮，分别代表分针与时针。大家一起玩游戏“老狼，老狼，几点了？”的游戏，注意高个儿的学生是分针，必须紧对着数字 12 不动。重复此游戏，让每个人学会钟面上的小时表达方式。

3. 感受 1 分钟到底有多长。

1 分钟到底有多长？学生闭上眼睛，头低垂。如果认为 1 分钟已到，就举起手来。教师在旁边拿着计时器，时间到就进行示警。

◎拓展活动

1. 讨论传统钟和液晶钟的不同。

2. 讨论分数 1/2。

3. 讨论一天中各种事件的发生时间，用卡纸钟展示出来，并能用数字进行记录。

◎作业内容

动手游戏：拨钟

网页上的时钟小程序设计有四对不同的按钮，分别代表加减 5 分钟、一刻钟、半小时和 1 小时，按需要拨动时间。此设计的目的是让学生了解一刻钟和半小时与分钟的相应关系，加强学生某数乘以 15 和乘以 30 的计算能力。最右边的大按钮则能即刻显示操作是否正确。

填表：我的电视指南

完成作业“我的电视指南”。这一作业要求学生既能用画钟的方式进行时间表达，也拥有将钟表图转换成数字的能力。

我的电视指南

电视节目	开始时间	结束时间	时　　长
周一	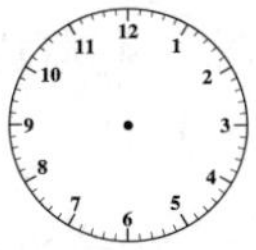	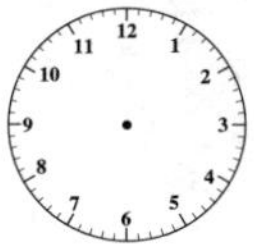	
周二	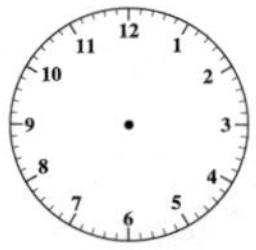	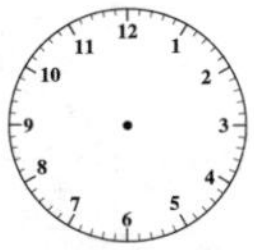	
周三	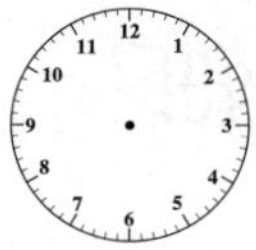	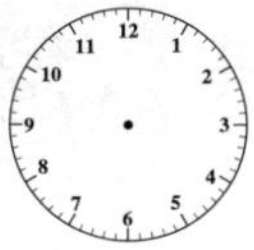	

掷骰子游戏：时间刚刚好！

与好友结对，从图片的左下方“开始”处出发，骰子落到哪个钟面上，就要读出相应的时间。读正确者可以继续前行，一直到“结束”处为止，错误者则要取消该次移动资格。此游戏的设计意图是让学生在玩乐中学习，在玩乐中巩固。

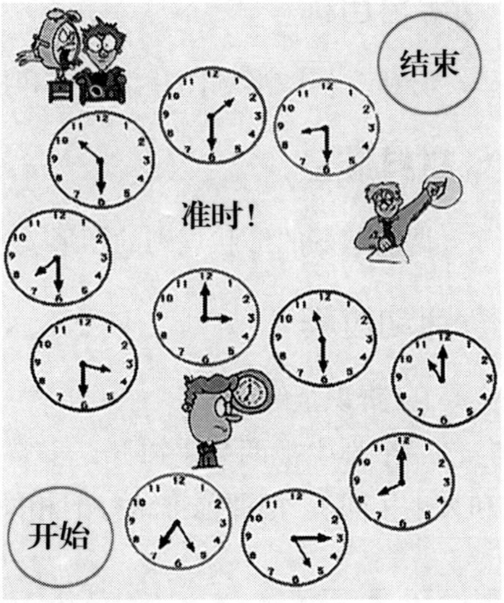

加密钟解密游戏

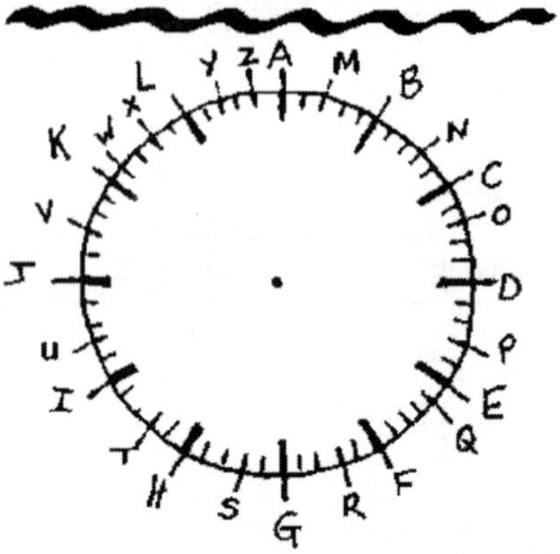

8 12 51 57 12 42 10 0 8 42 32 20 37 35

20 10 55 12 10 50 2 0 50 20 42 18 57

12 42 27 12 51 8 2 20 32 32 0 30 20

左图是一个加密钟，上边的每一个数字都对应钟面上相应的分针刻度。写下刻度所对应的字母，就可以拼出一句话，这句话就是今天的作业哦。

答 案：Now you can use the clock make up your own message.

什么是对称轴？[①]

◎适用年级

3～5 年级

◎学习目标

分析几何图形和图片，识别和描述对称性。

◎材料准备

课前剪好的形状规则的图形。

◎活动过程

1．辨识全等图形。

一个学生把两只手摊开，手掌朝上，其他学生对其双手进行描述（形状和大小相同）。把课前准备好的相同大小和形状的图形分配下去，供学生探索

① 据 https://teachers.net/lessons/posts/4750.html 编译。

“全等”这一概念。

2. 了解对称图形。

让学生剪出对称的图形，如心、钻石。向学生解释：

（1）这个图形的两半是相等的。

（2）折线就是对称轴。

（3）有的图形不止一条对称轴，如圆。

3. 识别对称轴。

（1）利用准备好的对称图形，将对称角和边折叠在一起，形成一条直直的折痕，用笔把折痕画出来，得到的那条线就是对称轴。

（2）利用准备好的字母（B、H、E、D、C），把字母沿对称轴折叠。

4. 探索时间。

（1）结对画图，一个学生画图形的一半，搭档按照对称轴画另一半。

（2）描述所画的图形是否对称。句子框架如下：

- ___________ 对称，因为对称的图形有相等的两半。
- ___________ 不对称，因为两半不相等。

◎作业内容

继续课内未完成的图形。

3 形式多样的作业单

奇数和偶数①

给和是奇数的框涂上你喜欢的颜色

10 +22	10 +33	8 +25	7 +28	13 +34	20 +13	100 +25	75 +16	80 +41	65 +14	26 +15	61 +12	33 +18
11 +33	28 +18	19 +19	21 +41	32 +84	32 +64	23 +23	75 +25	42 +26	64 +46	26 +38	19 +49	36 +14
17 +22	31 +44	88 +13	19 +44	31 +28	13 +66	18 +21	15 +16	32 +17	26 +17	64 +27	55 +16	51 +21
43 +25	71 +29	85 +11	100 +10	46 +44	23 +17	15 +19	51 +21	90 +10	88 +12	55 +33	51 +29	47 +13
15 +15	23 +66	77 +32	82 +17	62 +19	18 +9	54 +13	84 +25	41 +52	99 +4	36 +17	45 +12	57 +34
53 +25	17 +31	44 +26	31 +9	53 +15	19 +17	66 +12	84 +12	33 +55	77 +33	55 +55	61 +31	43 +41

① 据https://www.edhelper.com/math_worksheets/math_worksheets_grade2_printables.pdf编译。

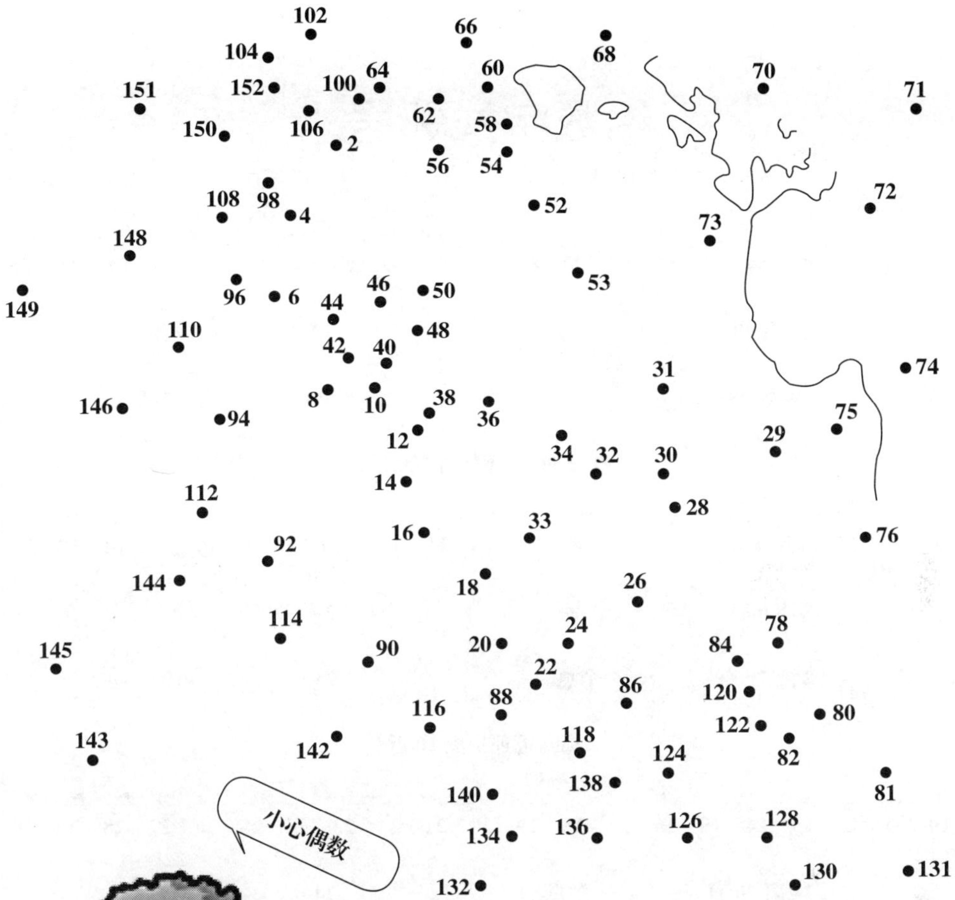

按照从小到大的顺
序把偶数连接起来

给数字找邻居[①]

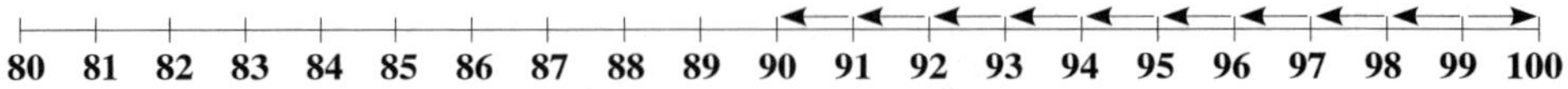

99 离 90 有 ___9___ 个点。　　99– ________ =90

99 离 100 有 ___1___ 个点。　　99+ ________ =100

99 离 90 近还是离 100 近?

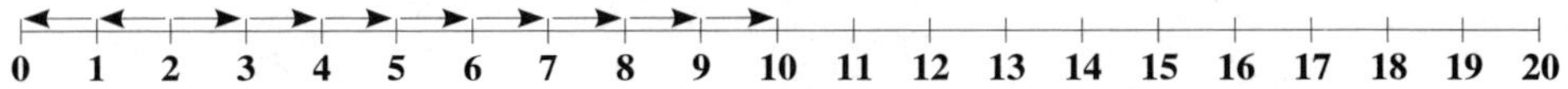

2 离 0 有 ________ 个点。　　2– ________ =0

2 离 10 有 ________ 个点。　　2+ ________ =10

2 离 0 近还是离 10 近?

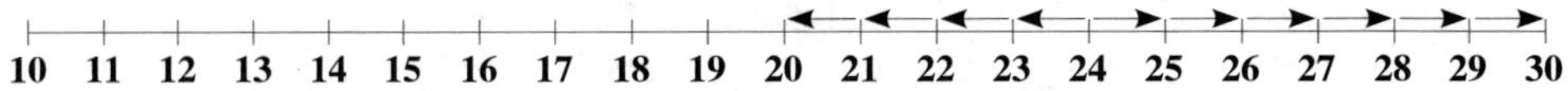

24 离 20 有 ________ 个点。　　24– ________ =20

24 离 30 有 ________ 个点。　　24+ ________ =30

24 离 20 近还是离 30 近?

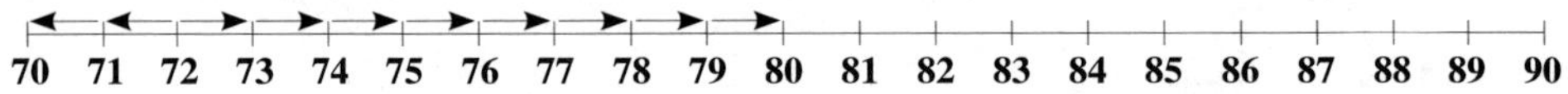

72 离 70 有 ________ 个点。　　72– ________ =70

72 离 80 有 ________ 个点。　　72+ ________ =80

72 离 70 近还是离 80 近?

---

① 据 https://www.edhelper.com/math_worksheets/math_worksheets_grade2_printables.pdf 编译。

制造直角 ①

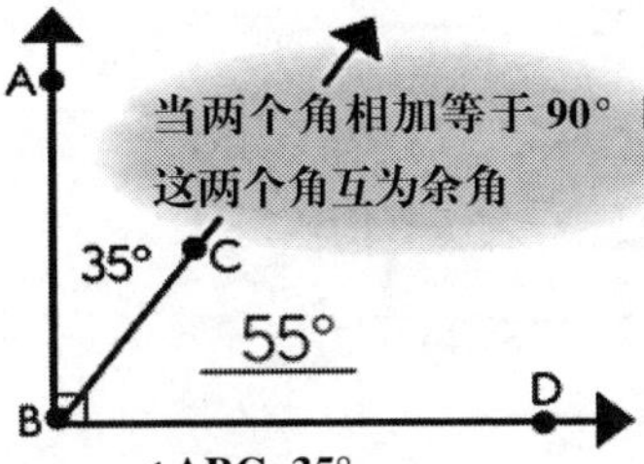

∠ABC=35°

∠DBC=55°

∠ABC+∠DBC=90°

算出每一个角的余角

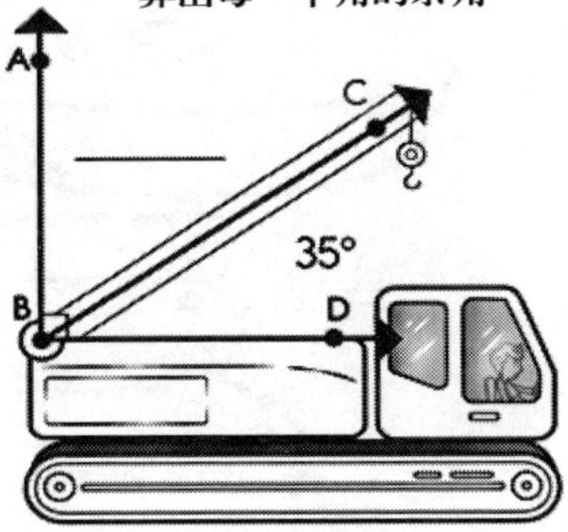

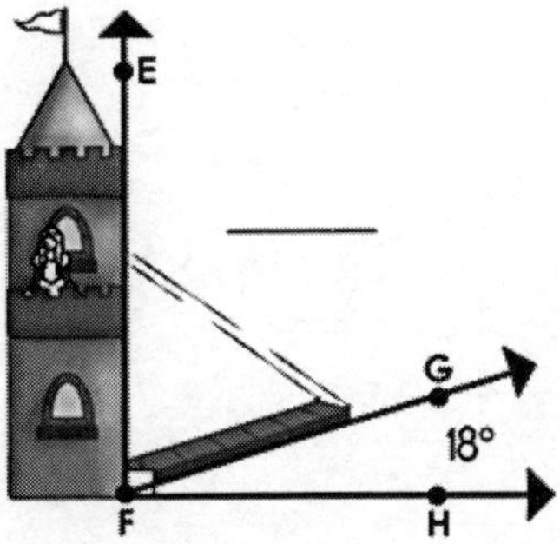

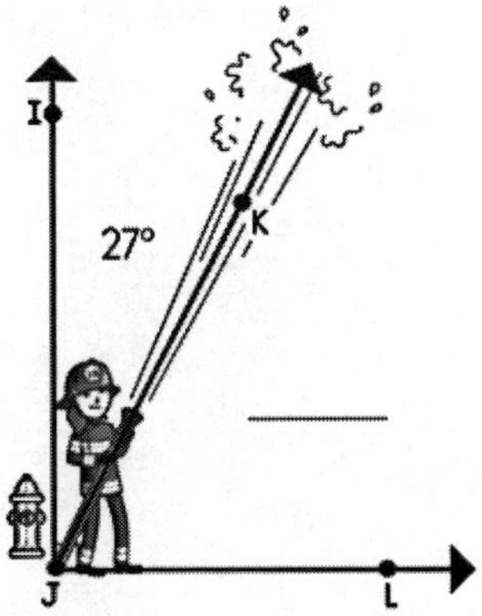

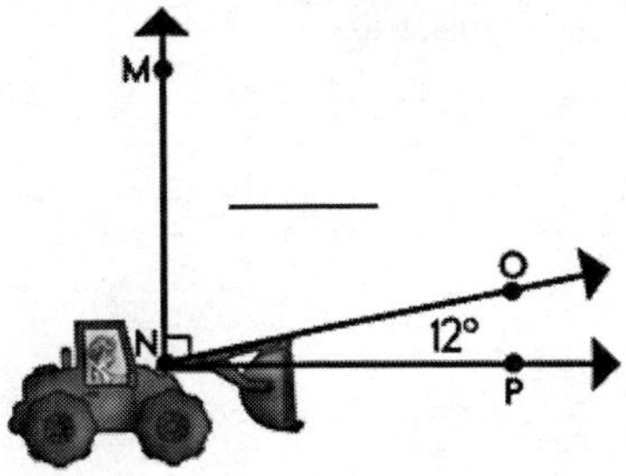

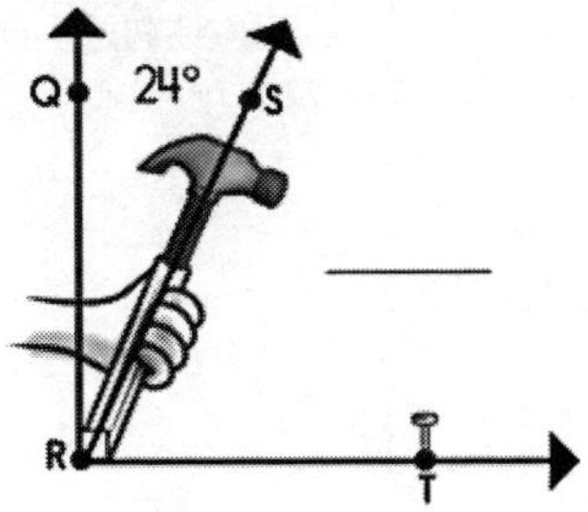

① 据 https://www.edhelper.com/math_worksheets/math_worksheets_grade3_printables.pdf 编译。

天平还平衡吗？①

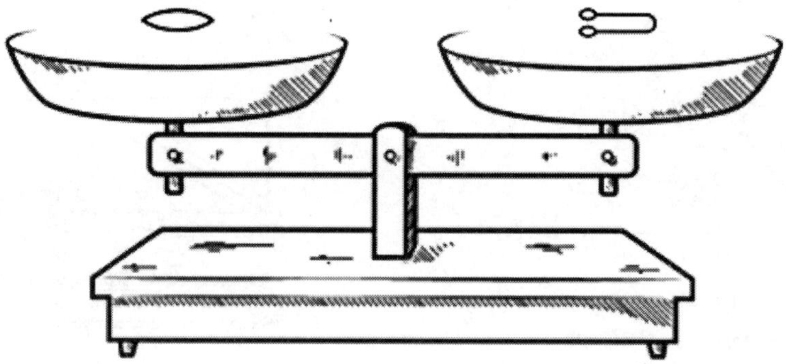

观察天平，你能从中得到什么信息？用一句话解释。

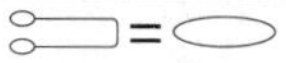

□ 正确　□ 错误

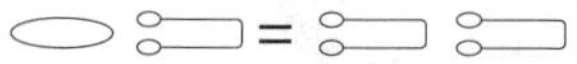

□ 正确　□ 错误

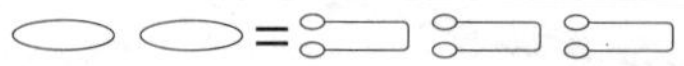

□ 正确　□ 错误

□ 正确　□ 错误

你应该勾选出两个“正确”，如果不是，请继续观察！

① 据 https://www.edhelper.com/math_worksheets/math_worksheets_grade3_printables.pdf 编译。

个位和十位[①]

中间的数字是它周围的 4 个数字按照一定的规则相加得到的和。

20+4+6+2=32　　　　　**80+2+1+6=89**

举例：

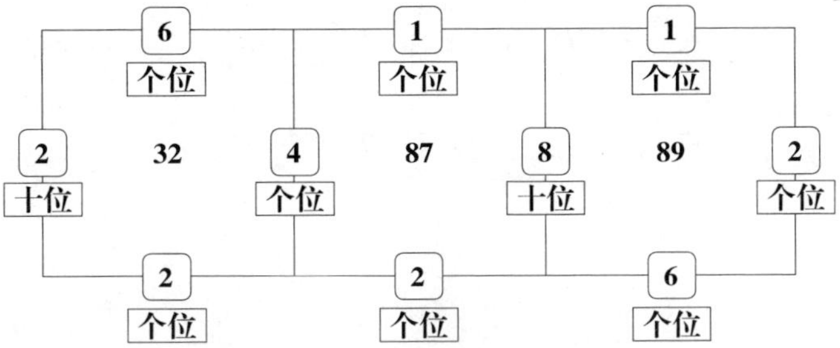

按照上面的规则在方框中把消失的 9 个数字填上，要求：和小于 100。

要求：（1）有 4 个数字为 8（十位）、4（十位）、2（十位）的其中之一。

（2）另外 5 个数字各不相同，分别是：2、3、4、5、6。

（3）最后求出虚线框中数字的和。

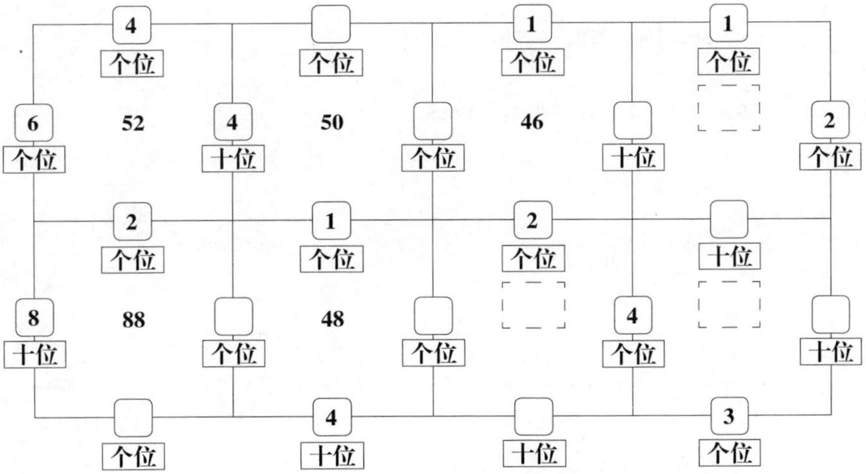

① 据 https://www.edhelper.com/math_worksheets/math_worksheets_grade4_printables.pdf 编译。

寻找消失的数字[①]

找规律，填入消失的数字。

18，27，39，54，72，93，______，______，174，207

17，______，______，53，71，92，116，______，______，206

找规律，填入消失的数字。

6，30，150，750，3 750

9，______，441，3 087，21 609

2，8，32，128，______

5，______，20，40，______

① 据https://www.edhelper.com/math_worksheets/math_worksheets_grade4_printables.pdf编译。

方程和线索[1]

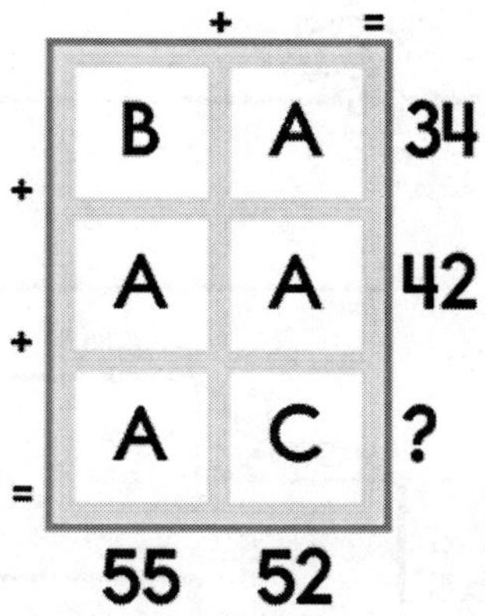

方程和线索

每一个字母代表一个数。

根据上图的信息在横线上填上适当的字母。

B + A + A = 55　　　　　　**___ + A = 42**　　　　　　**___ + ___ + ___ = 52**

___ + ___ = 34

更多线索：

B = C + 3　　　　　　**C < 18**

解方程

结论

图中的“?”= ___

① 据https://www.edhelper.com/math_worksheets/math_worksheets_grade5_printables.pdf编译。

多边形的周长①

每个多边形的周长是多少?

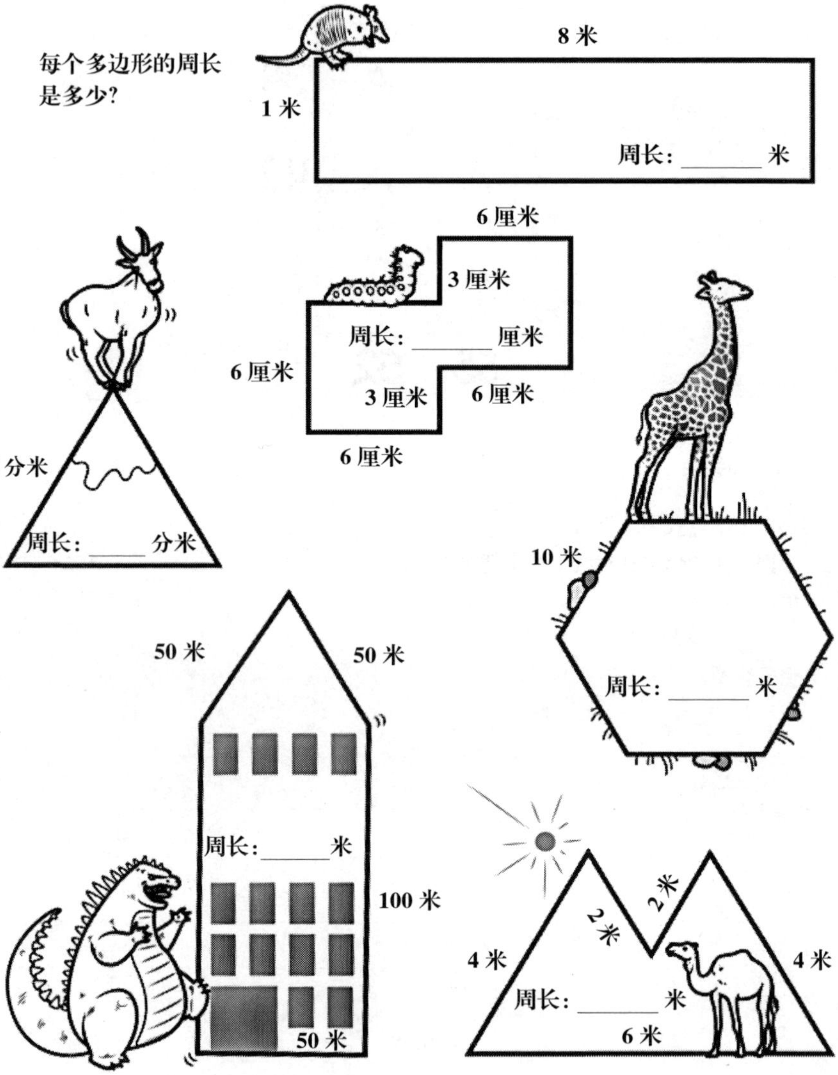

① 据https://www.edhelper.com/math_worksheets/math_worksheets_grade5_printables.pdf编译。

限时计算①

完成这些计算题你需要转几次陀螺？

我觉得我需要转______次陀螺。

快！陀螺已经开始转起来了！　　　　完成这一页，我转了______次陀螺。

$(8+88)\div 8=$ ______	$5\times(5+3)=$ ______	$7+24\div 6=$ ______
$11+7+2=$ ______	$3+9+6+9=$ ______	$3+4+2=$ ______
$1\times 6+70\div 10=$ ______	$(8-4)+6=$ ______	$(5\times 1)-4=$ ______
$4+8-2=$ ______	$6\times 4-8=$ ______	$(8-8)\times 7=$ ______
$9-4-2=$ ______	$7+6+9=$ ______	$8\times 9-7=$ ______
$(12-3)+1=$ ______	$5\times 2+4=$ ______	$3+12\times 3=$ ______
$7\times 3\times(9\times 9)=$ ______	$11\times 9\times 7=$ ______	$5+4\times 5+3=$ ______
$(9\times 11)+7=$ ______	$(6-4)+5=$ ______	$9\times 5\times 10=$ ______
$5+1\times 3\times 1=$ ______	$6+(11\times 8)=$ ______	$2+9+4\times 3=$ ______
$4\times 12+6=$ ______	$7+7\times 7-2=$ ______	$(6\times 8)+7=$ ______
$5+7\times 9=$ ______	$8+8-9=$ ______	$6+54\div 6\times 2=$ ______
$7\times(9+2)=$ ______	$(1+6)+5=$ ______	$(5+4)+8=$ ______

① 据https://www.edhelper.com/math_worksheets/math_worksheets_grade6_printables.pdf编译。

图形的变化①

找规律，给下图涂色。

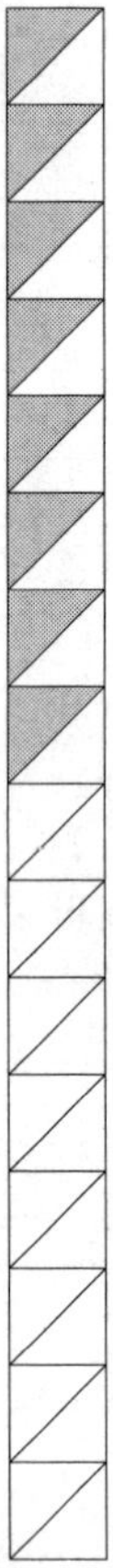

沿虚线（对称轴）画出下列图形的对称图形。

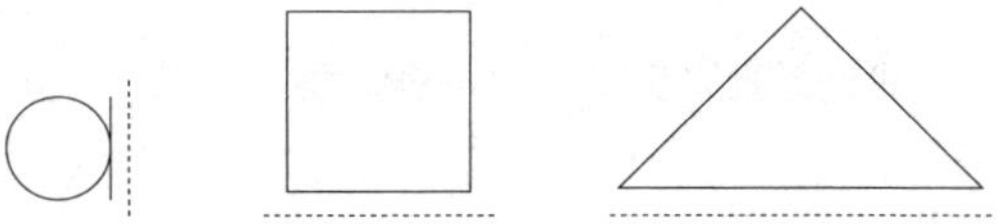

按要求分别画出下图沿着 A 点旋转以后的图形。

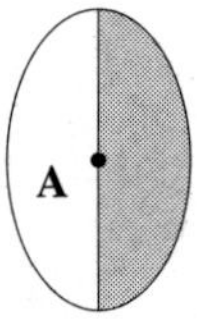

1. 顺时针旋转 180°。

2. 顺时针旋转 90°。

3. 顺时针旋转 270°。

画出下面两图沿箭头方向翻转以后的图形。

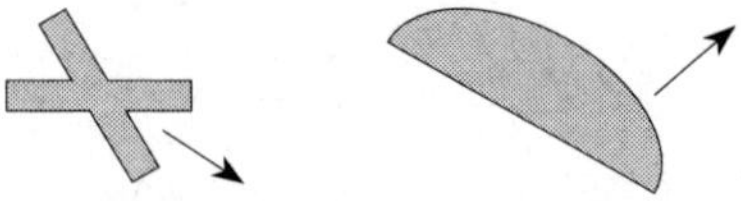

① 据 https://www.edhelper.com/math_worksheets/math_worksheets_grade6_printables.pdf 编译。

初中 数学在想象里

初中生已经具备了基本的数学知识与技能，心理和思维渐趋成熟，这为他们学习系统、抽象的初中数学打下了基础。他们已经具备了一定的抽象思维能力，也逐渐形成了对自己的学习进行评价、调节与监控的能力。因此，初中的数学学习和课外作业不同于小学，在指导上逐渐由家长的外部指导转为学校的内部指导；在评价标准上趋向于对知识和技能的掌握程度以及对迁移运用的能力的评价；在形式上表现为趣味性趋弱而抽象性增强。

1 数学活动

促销商品发现者①

◎ 适用年级

6～8 年级

① 据 http://www.beaconlearningcenter.com/Lessons/Lesson.asp?ID=906 编译。

◎课程描述

在班级进行模拟采购活动，学习如何找到促销商品。

◎学习目标

1. 利用实操、绘图和算法，解释和演示整数的乘法和除法的使用。

2. 利用问题解决策略确定 1 ～ 2 个步骤的运算过程，该运算中应含有整数的加法、减法、乘法和除法，以及小数和分数的加减法，并把这一运算过程应用到实际生活中。

◎课前准备

1. 让家长准备以下物品：薯片、饮料、面条、大米、毛巾、豆子、玉米、鸡蛋、牛奶、肥皂、牙膏、麦片、饼干、咖啡、洗发水等。

2. 根据表 1 在卡纸上列出各种物品的单价。

表 1　各种物品的单价

物品	单价（美元）	物品	单价（美元）	物品	单价（美元）
薯片	1.29	饮料	0.39	面条	1.89
大米	0.89	毛巾	0.79	豆子	0.69
玉米	0.89	鸡蛋	1.18	牛奶（2 升装）	2.79
牛奶（1 升装）	1.30	肥皂	0.99	牙膏	1.49
麦片	3.69	饼干	1.19	咖啡	3.69
洗发水	1.69				

3. 根据表 2 制作一份广告，放在设置的购物区物品前面。

表 2　物品促销信息

物品	活动	物品	活动
薯片	3 盒 3.50 美元	饮料	5 盒 1.95 美元

续 表

物品	活动	物品	活动
面条	2 份 3.80 美元	大米	3 份 2.67 美元
毛巾	4 份 3 美元	豆子	4 份 2.75 美元
玉米	5 份 5 美元	鸡蛋	2 打 2 美元
牛奶	2 升 2.60 美元	肥皂	3 块 2.95 美元
牙膏	3 盒 4.75 美元	麦片	3 盒 11.07 美元
饼干	2 盒 2.40 美元	咖啡	2 罐 3.69 美元
洗发水	2 瓶 3.38 美元		

4．在教室中设置四个购物区，展示货品和广告，并为学生提供足够的计算器及计算表。

◎活动过程

1．分享个人去超市购物的经历，讨论广告在市场上扮演了什么角色，为什么日常生活中使用数学技能很重要。

2．用幻灯片分享广告例子。

3．思考：如何判断广告是促销还是欺诈，或者两者都不是？给出价格合算、价格欺诈和两者皆非的例子。

4．分发计算表和计算器，确保学生了解他们要做什么。展示列举在卡纸上的物品单价，供学生在整个购物之旅中参考。

5．将学生分成四组，他们分别会到教室的四个区域采购，其中一个区域设置了货物广告。10 ～ 15 分钟后，让小组换到下一个区域。各组依次在四个区域购物，直到每个区域都被访问到。

6．完成计算表后，展开讨论，说一说在购物时发生了什么，在广告和寻找促销商品方面学到了什么。

◎作业内容

1．研究不同杂货店的定价，如何用固定数目的钱（如 50 美元）进行最合算的采购？

2. 如何在既定的时间内进行最合算的采购?

3. 列表展示你的购物结果。

比较新能源车和燃油车的费用①

◎适用年级

6～8年级

◎学习目标

1. 通过真实的生活情境，体会二元一次方程的作用。

2. 对新能源车和燃油车所产生的费用有更清晰的认识。

◎教师支持

一款新能源车和一款燃油车，价格分别是37 990美元和29 870美元。预计新能源车每年充电和维修的费用是1 016美元，燃油车每年加油和维修的费用是2 038美元。

温室气体导致了气候变化，衡量环境影响的一个核心方法是测算温室气体的排放量。温室气体不仅在汽车驾驶时产生，大多数制造商在制造材料、组装和运输待售汽车、生产汽车所需要的燃料或电力时，都要排放温室气体。

◎活动过程

活动1　结合材料，思考问题

1. 哪种车的购买费用更高?哪种车的驾驶费用更高?哪种车的总费用更高?

① 据https://www.nytimes.com的作业样例编译。

2．你认为哪种汽车（新能源车 / 燃油车）在生产过程中会产生更多的温室气体？你认为哪种动力来源（电力 / 燃料）的汽车在行驶过程中会排放更多的温室气体？为什么？查找资料并讨论。

活动 2　建立方程，计算费用

二元一次方程标准公式

设 x 为拥有该车的年数，则新能源车的总费用可以表示为 $1\,016x+37\,990$，燃油车的总费用可以表示为 $2\,038x+29\,870$。这体现了二元一次方程的标准公式：$y=mx+b$（$m\neq 0$）。在这个公式中，m 代表变化率；b 代表 y 截距或起始值。

1．新能源车总费用方程式的变化率和起始值分别是多少？

2．用方程式计算出新能源车和燃油车使用 12 年所产生的总费用。哪款汽车费用更低？比另一款汽车便宜多少？

3．尝试用两句话概括，为什么随着拥有汽车时间的增长，新能源车的总费用比燃油车的总费用更低。

拥有多久才划算

有时人们不会拥有同一辆汽车很长时间，这就引出了一个问题：拥有新能源车多长时间才划算，会让其总费用低于燃油车的总费用？这个问题可以利用方程式解答，也可以利用图表说明。

4．观察图表，回答：拥有汽车多少年后，燃油车的总费用会超过新能源车的总费用？

活动 3　假设情境，深入讨论

总排放量

除成本外，我们还可以建立关于每辆汽车在一段时间内温室气体排放总量的方程。虽然新能源车在行驶过程中排放的温室气体少，但燃油车在生产过程中产生的温室气体更少。

小组合作，探究若要求出多少年后，燃油车的温室气体总排放量才会超过新能源车，需要知道哪些数据，并列出表示新能源车和燃油车温室气体总排放量的方程式。

◎作业内容

上网查找燃油车、混合动力车和新能源车的相对成本与燃料效率的有关信息，从环保和省钱的角度出发，给家人写一份关于购买新能源车的建议。

疫苗有效率为 95%
——这意味着什么？[①]

◎适用年级

6～9 年级

◎学习目标

1. 正确认识疫苗有效率为 95% 的意义。
2. 了解在什么情况下，疫苗才能保护大多数人免遭病毒感染。

◎活动过程

活动 1　疫苗实验

安慰剂组和疫苗组

某生物医药公司为进行疫苗研究招募了 43 660 名志愿者，将他们随机分成两组（每组 21 830 人），分别是安慰剂组和疫苗组。

① 据https://www.nytimes.com/2020/12/13/learning/what-does-95-effective-mean-teaching-the-math-of-vaccine-efficacy.html 编译。

1．什么是安慰剂？

2．该生物医药公司和其他药品公司为什么在他们的研究中使用安慰剂？

3．为什么要招募这么多人？如果只招募100人，该公司的疫苗实验结果会有说服力吗？

实验结果

在安慰剂组中，162人感染了新冠病毒；在疫苗组中，8人感染了新冠病毒。

每组的感染人数百分比都小于1%。

4．列出表格，并计算安慰剂组和疫苗组各自的感染人数百分比。

5．美国全部人口总数约3.28亿。如果全美国感染率与安慰剂组感染率一致，会有多少人感染新冠病毒？如果全美国感染率与疫苗组的一致呢？

6．思考：安慰剂组和疫苗组的感染率是高还是低？安慰剂组和疫苗组的感染率是否存在很大的差异？

活动2 探索疫苗有效率

疫苗有效率和群体免疫

降低的感染率除以原有的感染率（即安慰剂组的感染率），就得到了疫苗的有效率。

疫苗并不只保护接种疫苗的人，它还降低了病毒的传播速度。随着时间的推移，全社会的感染率也会降低。但即使是在临床试验中取得极佳效果的疫苗，如果实际上只有少数人接种，也不能有效防止病毒传播。

1．计算疫苗将感染率降低了多少（0.74% − 0.04% = 0.7%）。虽然这个数字看起来很小，但从先前的分析可知，感染率的微小差异乘以庞大的人口总数，能造成巨大的感染人数上的差异。

2．计算疫苗的有效率。

3．为什么只有少数人接种疫苗，保护作用就会减弱？如果一个国家有足够多的人接种疫苗，就能对某种疾病产生“群体免疫”。“群体免疫”的内涵是什么？

◎ 作业内容

你是否希望自己和亲人朋友能够接种疫苗？用所学的数学知识向他们解释原因。

2 数学游戏①

1．方块中的数字表示线段的出发点，线路可以由几条横的或竖的线段组成，直至到达相遇点。这些线路不可以相交，但可以平行，相遇点必须在没有标数字的空方块。如下图所示。

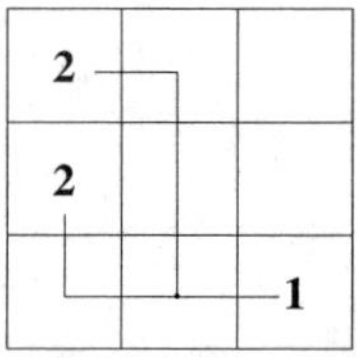

请按照上面的规则，找出（1）和（2）中的相遇点，并画出从出发点到相遇点的线段。

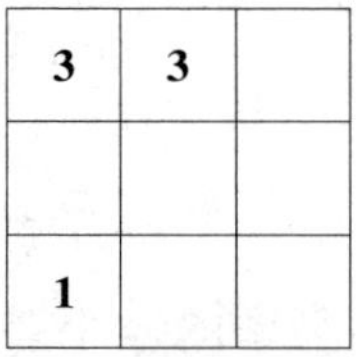

（1）

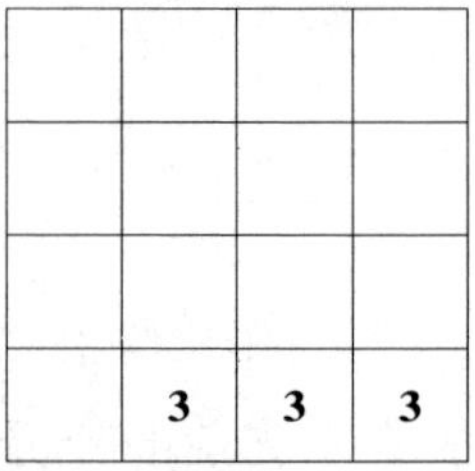

（2）

2．图中有 12 块不同形状的平面几何图形，移动这些几何图形，做到：

（1）几何图形不能重叠，也不能覆盖住图中的三角形。

① 据 www.stetson.edu 的作业样例编译。

（2）不在底部的几何图形都必须建立在其他几何图形的基础上。

举例如下：

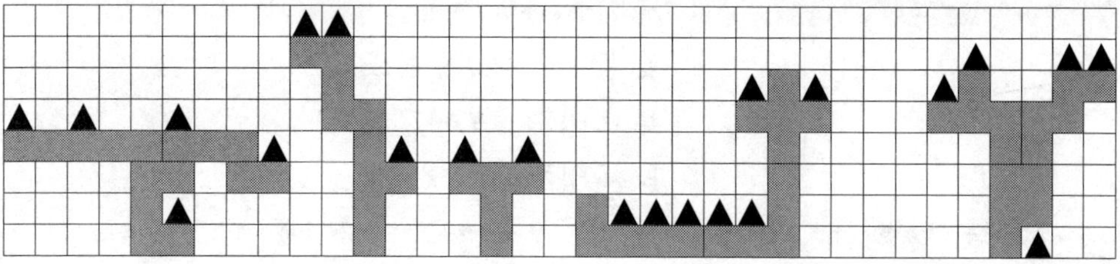

按照上面的规则，请在（1）和（2）中，画出这12块不同形状的几何图形。

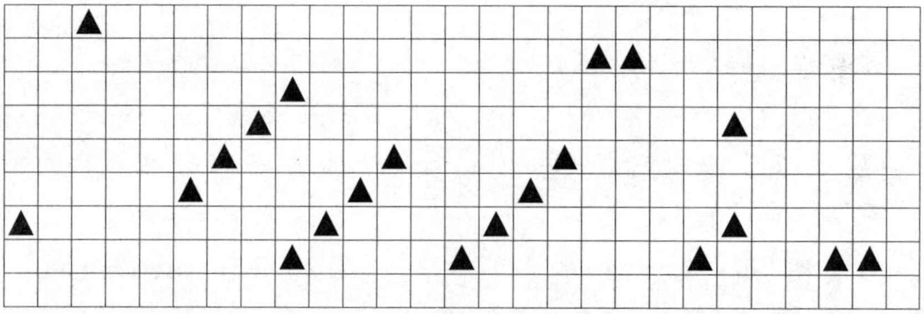

（1）

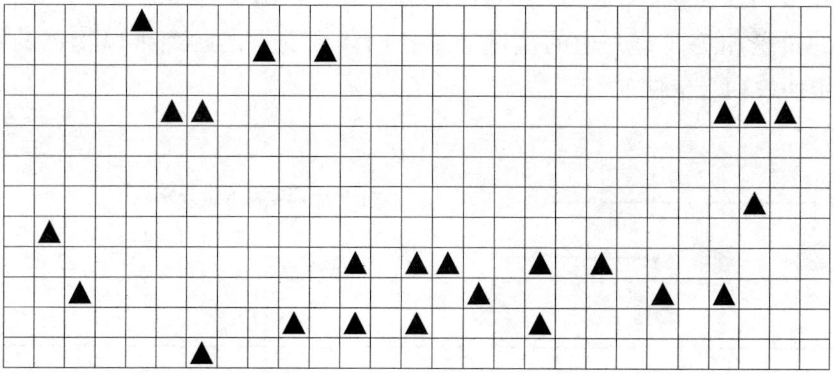

（2）

3．从起点图形到目标图形需要遵循一定的规则。为了到达目标图形，你可以运用三种规则，不过每一次只能运用一种规则。举例如下：

规则 1：♠ → ♥♠

规则 2：♥♥♥ → ♠♠

规则 3：♠♥ → ♠

要求：5 步以内完成。

起点图形：♥♠♠

目标图形：♠♥♥♠♠♠

路径：♥♠♠ → ♥♥♠♠ → ♥♥♥♠♠ → ♠♠♠♠ → ♠♥♠♠♠ → ♠♥♥♠♠♠

按照上面的要求，请分别使（1）和（2）的起点图形在 5 步之内到达目标图形。

（1）	（2）
规则 1: ♠ → ♠♥	规则 1: ♠ → ♠♥
规则 2: ♠♠♠ → ♥♠	规则 2: ♥♥♥ → ♠♠
规则 3: ♥♥ → ♠♥♥	规则 3: ♥♥ → ♠♠♠
要求：5 步以内完成。	要求：5 步以内完成。
起点图形：♥♥♠	起点图形：♠♠♥
目标图形：♥♠♥♥♥♠	目标图形：♠♠♠♥♥♠

4. 天平中可填入 1、2、3 等任意自然数来表示某物体的重量，要求天平两边的重量相等，每一边的重量等于各物体到支点的距离乘以物体的重量，然后相加求和。举例如下：

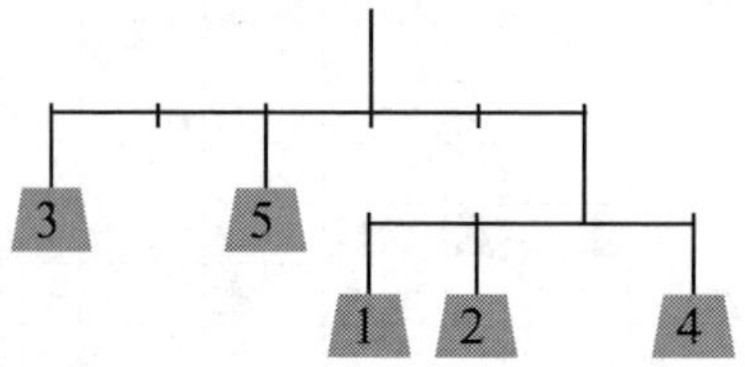

左边天平两边重量分别是：

2 × 1+1 × 2=1 × 4

3 × 3+1 × 5=2 × 7

按照上面的规则，请在（1）和（2）的天平中填入适合的数字，以使两边相等。

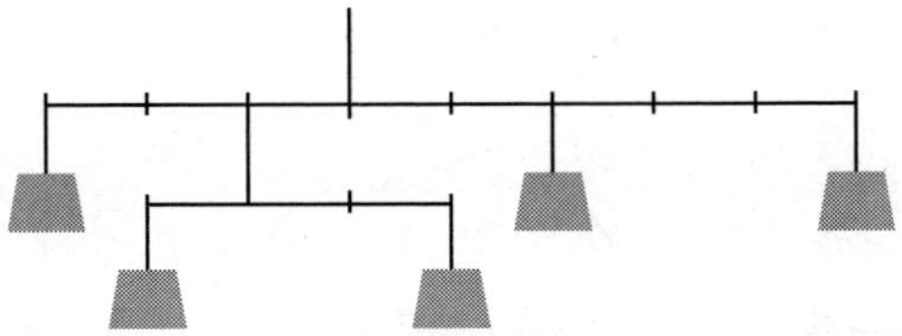

（1）

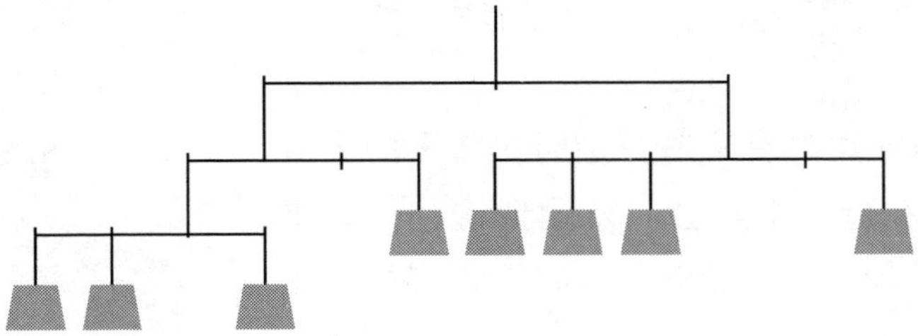

（2）

3 源于日常生活的书面作业①

代 数

1. 假设你有两种邮票，分别是 15 美分和 33 美分，怎样组合这两种邮票去邮寄一封邮资是 1.77 美元的信件？

① 据 https://figurethis.nctm.org/download.htm 的作业样例编译。

2．下面共有三条鱼，每条鱼的重量分别是多少（单位：千克）？

3．保利的宾馆有一些每边可坐 1 人的小方桌，由于要举行一个宴会，需要把这些小方桌拼起来。要使 19 个人都坐在一起需要多少张小方桌？

4．假设你一周工资的计算方法有两种：一种是每天 20 美元，另一种是第一天 2 美元，以后每天成倍增长。你会选择哪种工资的计算方法？

5．影院过去四周内某部影片的收入分别是：15 000 美元、12 000 美元、12 000 美元、10 000 美元。影院需支付给制片商：前两个星期是收入的 70%，第三个星期是收入的 60%，第四个星期是收入的 50%。影院每周的运转费用是 4 500 美元。请问该影院是赢利还是亏损？

6．保利与艾丽进行 50 米跑步比赛，当艾丽到达终点时，保利还在距终点 45 米处。两个人决定再比一次，这一次，保利站在起点前 5 米。如果两人速度和之前一样，谁将赢得比赛？

7．马克在 1988 年的棒球比赛中击出了 70 个本垒打，成为了本垒打王。他击出的第 70 个本垒打球卖出了 300 万美元的高价。贝是更早的本垒打王，他在 1927 年击出了 60 个本垒打，他把球捐赠给了棒球展览厅。假设贝的球在 1927 年卖出 3 000 美元，且每隔 7 年价值翻倍，你更愿意收藏谁的球？

8．有一份报纸的头条是《妇女工资慢慢赶上了男人》，请根据下表数据判断，该消息是真是假？

年份	女性平均工资（美元）	男性平均工资（美元）
1991	11 580	23 686
1992	11 922	23 894
1993	12 234	24 605
1994	12 766	25 465
1995	13 821	26 346
1996	14 682	27 248
1997	15 573	28 919

9．假设一个滑翔机每垂直下降 3 米，水平行驶距离为 10 米；另一个滑翔机每垂直下降 2 米，水平行驶距离为 7 米。两个滑翔机在同一高度开始滑翔，到达地面时，哪个滑翔机滑得更远？

几 何

1. 楼梯的台阶宽 20 厘米，高 15 厘米，则从 A 点到 B 点的斜坡有多长？

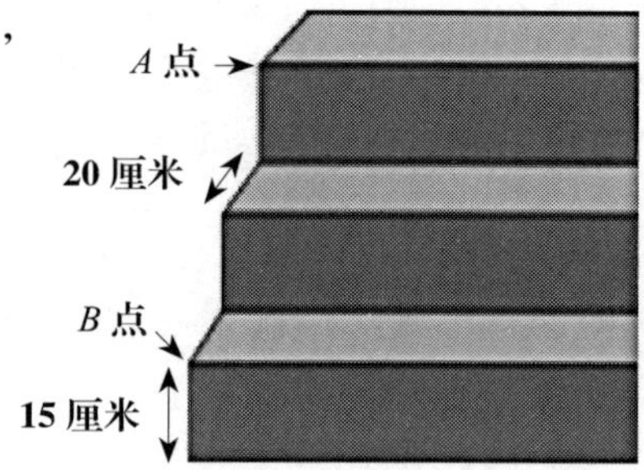

2. 如图所示，从家中出发，沿方格走有多少条路可到达影院？

3. 判断：一个长方体的冰块融化得快，还是把它切割成三个小长方体之后融化得更快？

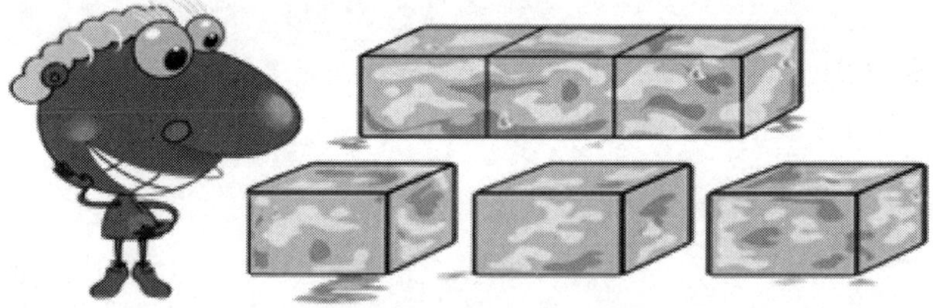

4．计算机上的图片是可以通过改变小方块的阴影而发生变化的，如果要把苦恼的脸转变为笑脸，中间脸部形象的阴影将发生什么变化？

5．市面上有规格为 1.8 米 ×0.9 米的榻榻米，假设一间房子的地面大小是 1.8 米 ×4.5 米，则需要铺多少张上述规格的榻榻米？

6．雷是考古人员，他在一个遗址处发现了一个圆盘残片，雷应该怎样估算该圆盘的大小？

7．如果你把一张纸做成商业信封，要求尽可能地少浪费纸张，这种商业信封的平面几何形状最好是什么？

8．用两张大小相同的长方形纸，一个沿宽卷成筒状，一个沿长卷成筒状，哪个能装更多的爆米花？

9．打开你的手掌，是不是手越大，手指之间的角度越大？

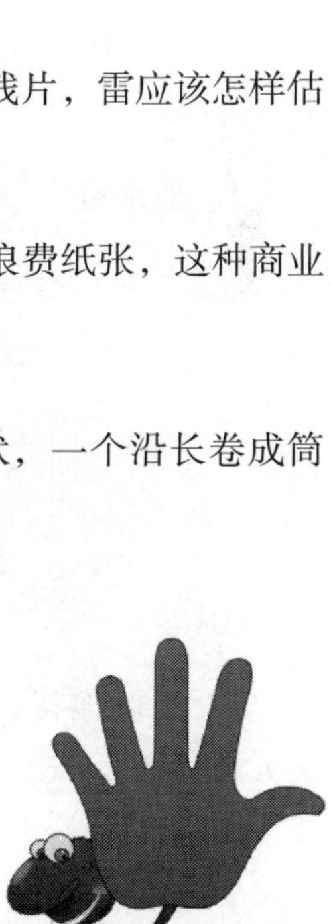

测　量

1. 假设你很喜欢吃巧克力，现有两块不同形状的饼干，上面涂了相同厚度的巧克力，如果想吃到更多的巧克力，你会选择哪块饼干？

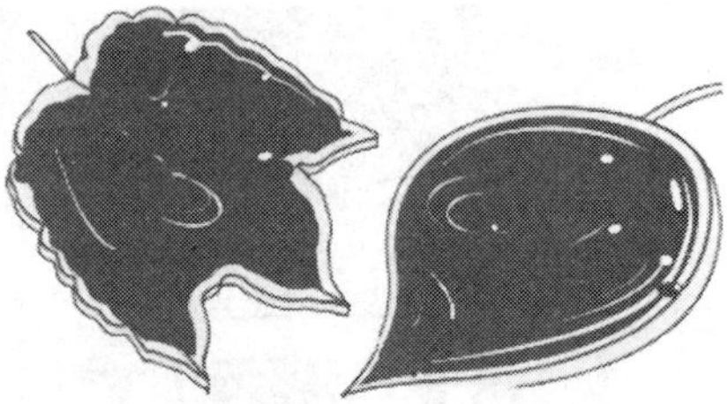

2. 郝尔与保尔用相同数量、相同大小的水泥制品铺院子，所铺院子的面积都是 180 平方米。两人所铺情况如下，则每块水泥制品的周长是多少？

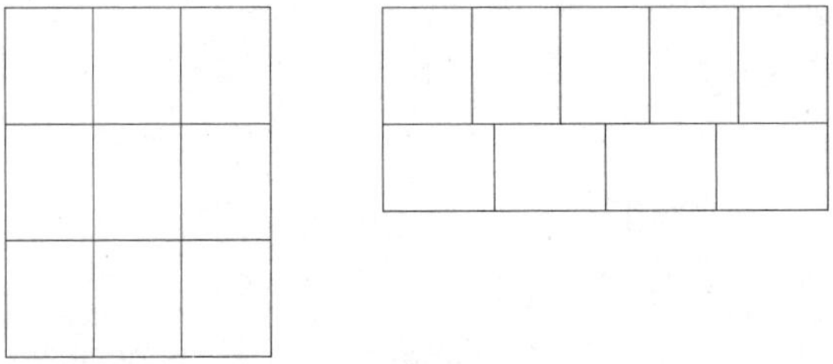

3. 根据轿车与货车的雨刮器的数据，判断轿车司机和货车司机谁的视野更大？

轿车的雨刮器　　　　货车的雨刮器

4. 假设你花 6 美元买了一个芭比娃娃，又以 7 美元价格卖出，再以 8 美元的价格买进，最后以 9 美元的价格卖出。在这次交易中，共获利多少美元？

5. 按 VCD 机上的“开始”键与“录像”键，录制长达 120 分钟的碟片需要 2 个小时；按“慢进”键与“录像”键，则需要 6 个小时。在“开始”键的条件下录了 30 分钟的内容后，转换到“慢进”条件下录制，则还需要多少个 30 分钟才能录完？

6. 格蕾弗在 1962 年奥运会的 100 米赛跑中用 0.9 秒跑了 10 米，照此速度，她能赛过速度是 25 千米 / 小时的汽车吗？

数

1. 请预估买一张音乐会的入场券大概需要几分钟。现在 78 号正在买票，假设你手上拿的号码是 300 号，请估算要排多长时间才能买到音乐会的入场券。你会继续等下去吗？

2. 科特纳夫妇想计算每月的汽车费用，不包括保养费与维修费。汽车保险费是 200 美元 / 月，每月汽车平均开 360 千米，为了计算每月费用，还需要得到什么信息？在下列选项中选出正确的一项。

A. 上班的单途里程与汽油费用

B. 每升汽油能跑多少千米，每升汽油的费用

C. 汽油费用与每周的税后所得工资

D. 每周所耗的汽油量

3. 水龙头每 2 秒滴水一次，10 滴水为 1 毫升，那么一周内，共浪费了多少水？

4．下列图代表了方程式：$3x+6=15$。

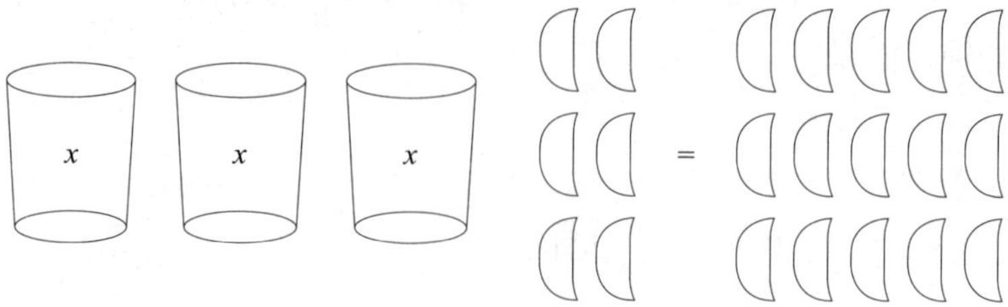

要求 x 的值，第一步是：__________。

A．把毛豆平均分在三个杯子中　　B．在图的两边各加 15 个毛豆

C．在图的两边各加 6 个毛豆　　D．在图的两边各减 6 个毛豆

5．杰与麦克是国家棒球队的队员，他们在一次比赛中的表现分别是：杰 5 击 4 中，麦克 3 击 3 中，哪位队员的平均击中率更高？为什么？

6．密码锁的密码是 3 个从 0 到 39 的数字，这 3 个数字只有按照右、左、右的方向旋转才能打开这把锁，那么共有多少个可能的密码？

7．考古学家从 5 个遗址所挖掘到的材料中找到了不同之处，下面的表格列出了不同遗址中材料的不同。请根据表格，确定哪两个遗址最为接近。

地点	陶器	陶瓷	骨头	硬币	铜 / 青铜器
A	10%	20%	0	40%	30%
B	30%	5%	10%	10%	45%
C	0	35%	35%	10%	20%
D	40%	0	20%	32%	8%
E	5%	22%	30%	15%	28%

8．把 4 种浓度不同的葡萄浓缩汁装在完全相同的 4 个罐子中，下列哪个罐子中的葡萄汁更浓？

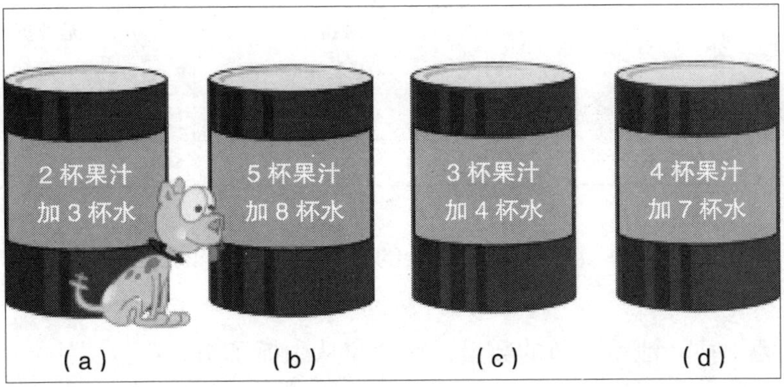

9. 地图设计者在设计美国地图时，把共有边界的州涂上了不同的颜色。要给位于密西西比河沿岸的州涂上颜色，至少需要多少种颜色？

10. 篮球锦标赛的比赛规则是，只要一支球队输了一场球，就会被淘汰出局，最后留下的队伍将是胜利者。1999 年有 64 支队伍参赛，1985 年只有 32 支队伍，那么 1999 年的比赛场次比 1985 年多几场？

统计与概率

1. 贝与林两人玩掷骰子的游戏。每人掷一次，将两人每次所得的数字相减，如果差是 0、1、2，则贝得 1 分；如果差是 3、4、5，则林得 1 分。这项游戏是否公平？

2. 郝利斯正在打保龄球的最后一球，他之前的分数是 134、99、109、117、101。为了赢得这场比赛，他的平均分必须至少是 114。根据他以往的表现，计算他赢得比赛的概率。

3. 研究者对 9 ～ 10 岁的女生摄入碳酸饮料的情况进行了研究，表格中的数据是否支持以下观点：10 岁左右的女孩摄入碳酸饮料会导致骨折。

分　类	骨折（人）	无骨折（人）
喝碳酸饮料的女孩	31	69
不喝碳酸饮料的女孩	48	52

4. 有一个 6 人小组，这 6 人出生的月份都不一样的概率是多大?

5. 为了估计池塘中鱼的数量，科学家从中抓了 100 条鱼，并一一做好标记后放回池塘。第二天，科学家又从池塘里抓了 170 条鱼，其中有 20 条鱼是已做过标记的，那么池塘中可能有多少条鱼?

4 指向生活和解决问题的测试

综合测试[①]

1. 下面的平面图形是由若干个小的正方体组成的立体图形的正面、侧面、顶部，请选出该立体图形。

平面图形：

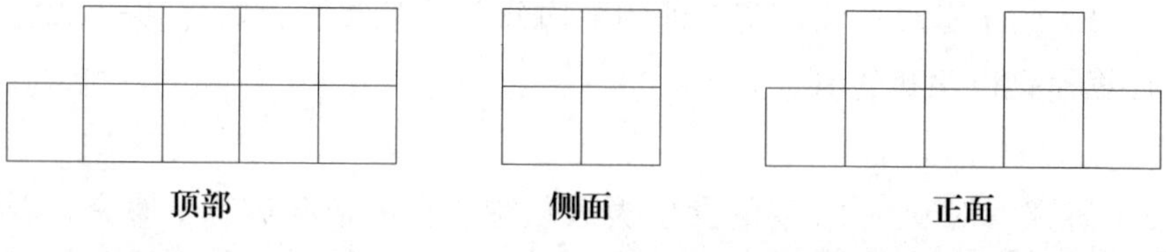

① 胡庆芳，杨翠蓉，季磊，等．美国学生课外作业集锦 [M]. 北京：教育科学出版社，2008：140–157.

立体图形：

A.

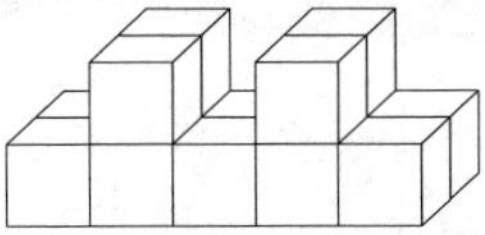

B.

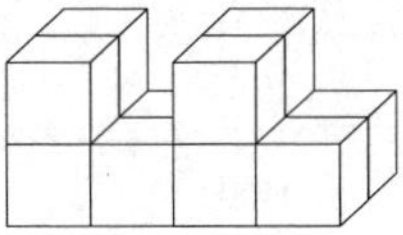

C.

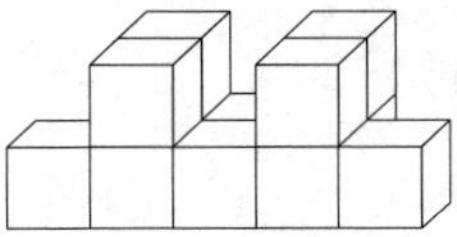

D.

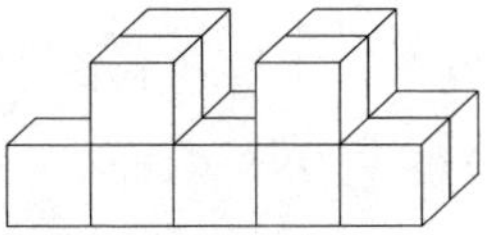

2. 加利福尼亚初中从 1997 年到 2001 年的学生注册人数如下图所示。根据图中所示的学生注册规律，推测若 2004 年的学生注册人数为 x，则 x 的取值范围是多少？

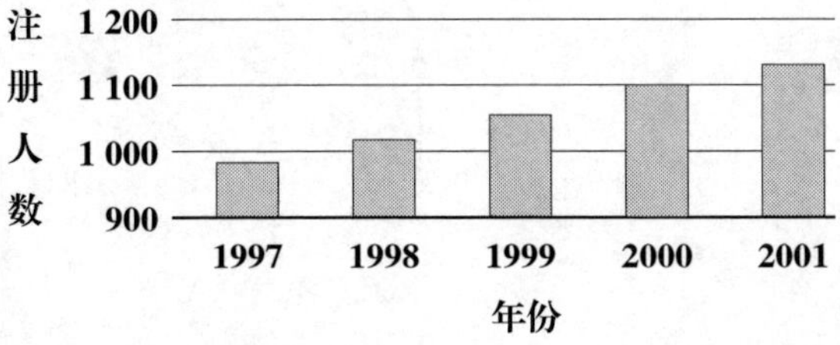

A．$x<1\ 000$　　　　B．$1\ 200<x<1\ 300$

C．$1\ 400<x<1\ 500$　　　　D．$x>1\ 500$

3. 下面所示的是某公司连续 5 年的利润表，根据该表格中的数据，请找出下面 4 种结论中正确的一项。

年份	利润 （百万美元）
1984	12.5
1985	14.6
1986	13.1

续　表

年份	利润 （百万美元）
1987	14.5
1988	12.2

A．1987 年的年利润比 1986 年的年利润高 20%

B．1984—1985 年的年利润增长值最大

C．1985—1986 年的年利润增长值最大

D．1984 年和 1985 年的年利润总和要大于 1986 年和 1987 年的年利润总和

4．丽丽玩棋盘游戏 3 次，第一次转到奇数，第二次转到 A 或 B，第三次转到 II，下列选项中最有可能的组合是？

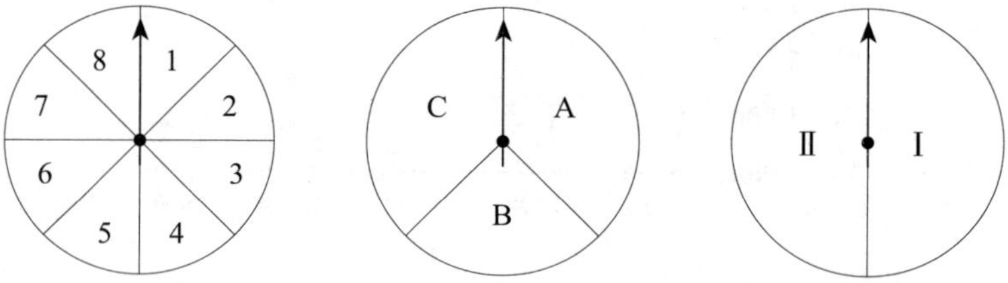

第一次　　第二次　　第三次

A.

第一次	第二次	第三次
1	A	II
2	B	II
3	A	II
4	B	II
5	A	II
6	B	II
7	A	II
8	B	II

B.

第一次	第二次	第三次
1	A	II
3	B	II
5	A	II
7	B	II
1	A	II
3	B	II
5	A	II
7	B	II

C.

第一次	第二次	第三次
1	A	II
3	A	II
5	A	II
7	A	II
1	B	II
3	B	II
5	B	II
7	B	II

D.

第一次	第二次	第三次
1	A	I
3	A	II
5	A	I
7	A	II
1	B	I
3	B	II
5	B	I
7	B	II

5．表中数据表示的是正方形边长 x 与面积 y 的关系。

边长 x（厘米）	面积 y（平方厘米）
1	1
2	4
3	9
4	16

下方哪个图形能代表表格中的数据？

A.

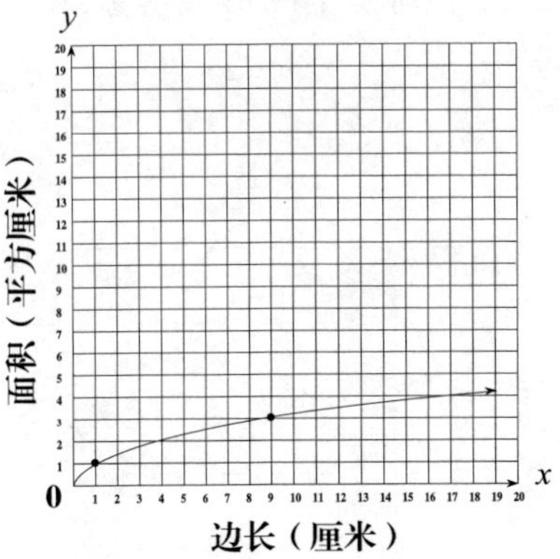

B.

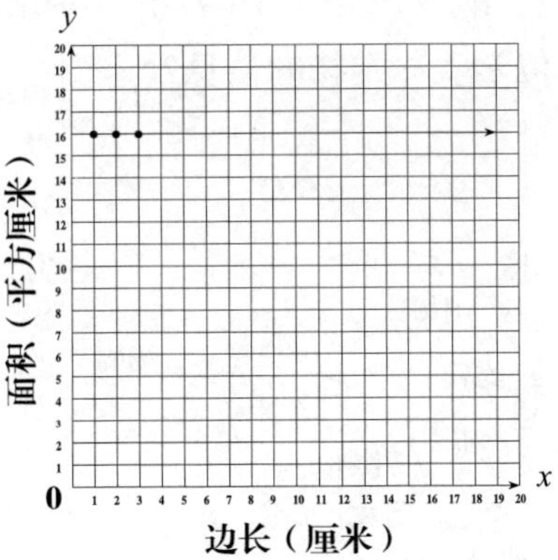

C.

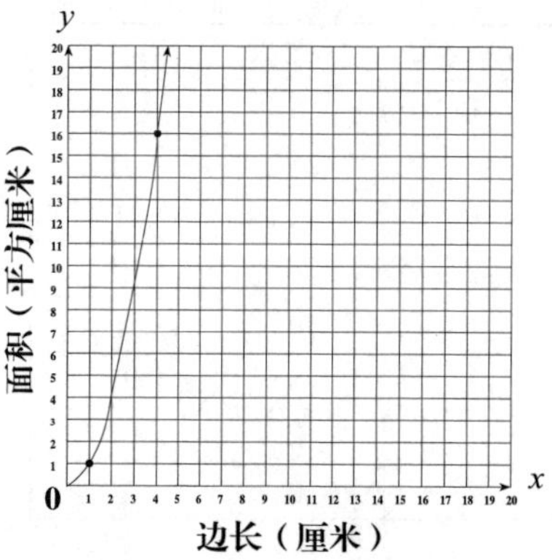

D.

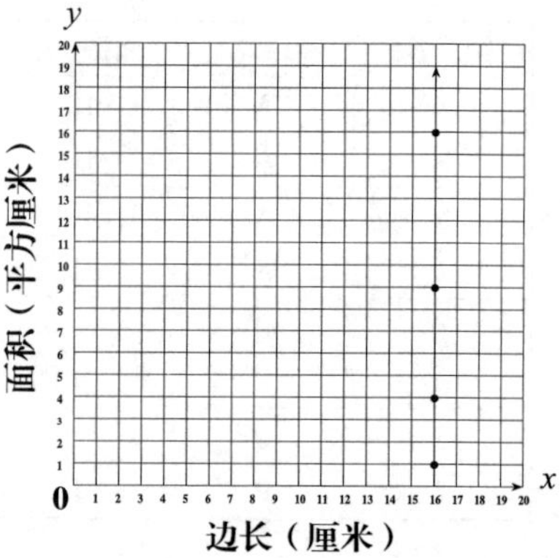

6. 下面的图形表示 $\sqrt{49}=7$，什么样的小方块组合可表示 $\sqrt{196}=14$？

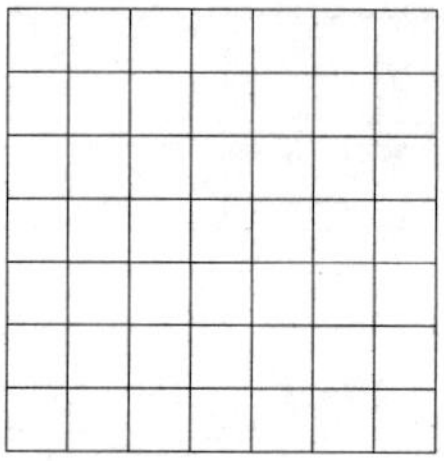

A．8 排，每排 17 块　　B．6 排，每排 36 块

C．12 排，每排 12 块　　D．14 排，每排 14 块

7. 凯罗调查了 15 名学生养宠物的情况，下列哪个图形最形象地呈现出了每位学生养宠物的信息？

A.

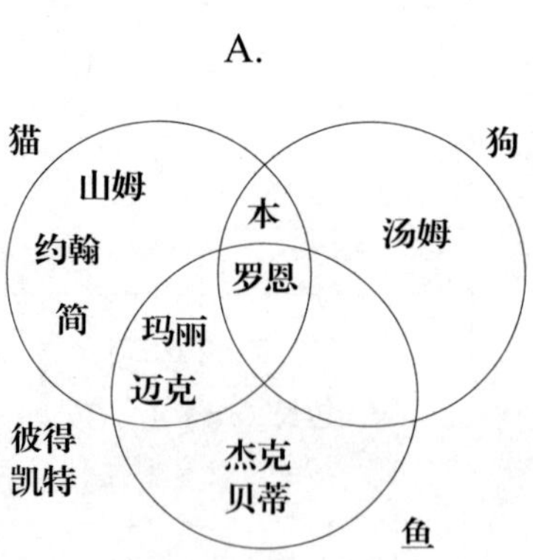

B.

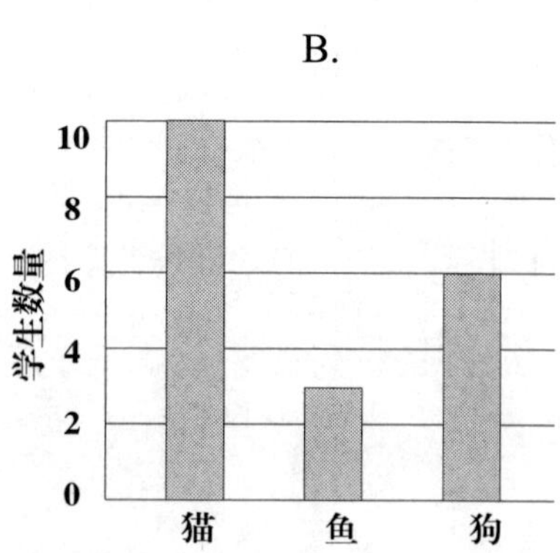

C.

宠物种类	学生数量
猫	10
鱼	6
狗	3

D.

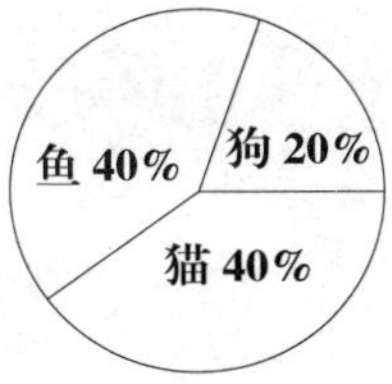

8．派克绘制了一张家乡的地图，他用的比例尺是 1 厘米代表 2 千米，他家离最近的加油站是 1.5 千米，反映在地图上应是多少厘米？

A．0.3　　B．0.75　　C．1.3　　D．3

9．兹伯曼先生制订了一个为期 6 星期的慢跑计划，第一个星期他每天跑 1 千米，第二个星期他每天跑 1.25 千米，第三个星期他每天跑 1.5 千米，以此推理，第六个星期他每天跑多少千米？

A．1.25　　B．2.25　　C．6　　D．9.75

10．丹茜调查了科学班上学生养宠物的情况，调查结果见下表，哪个饼形图正确呈现了学生养宠物的种类与数量？

种类	猫	狗	鸟	鱼
数量	30	90	30	150

A.

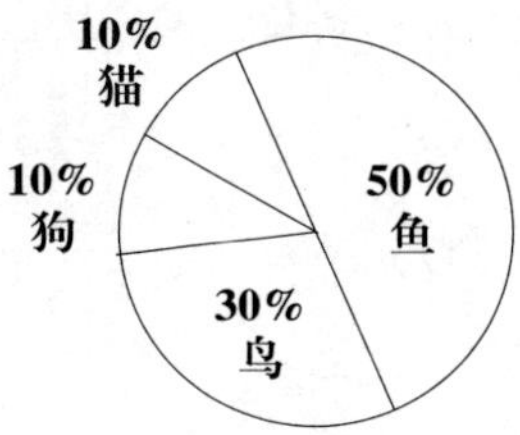

B.

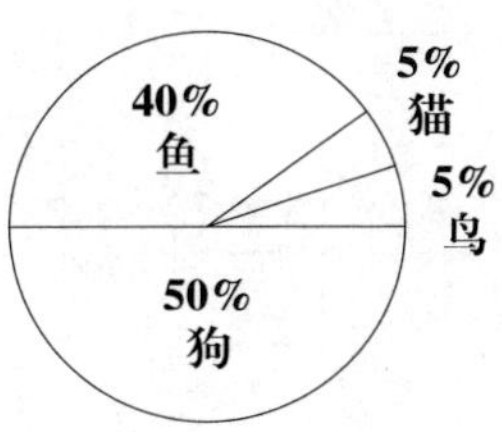

C.

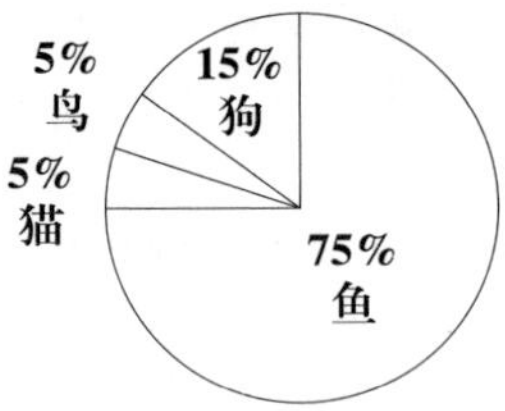

D.

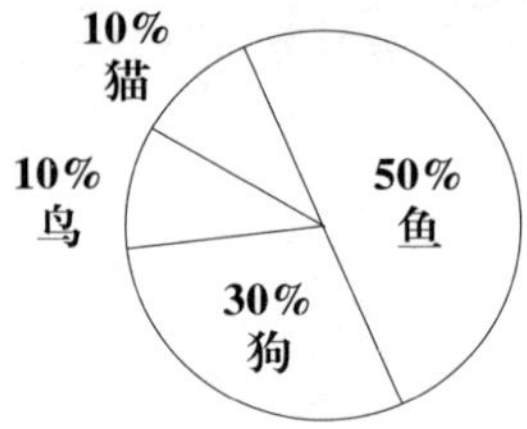

11. 莉莉调查了学校学生本学期最喜欢的课，调查结果见下表。她根据表格数据判断，本学期最受学生喜爱的课是音乐。下列哪个选项最能解释丽丽的结论是不准确的?

课程名称	学生人数
音乐	18
英语	9
数学	12
科学	15

A．调查时间应是一个星期的 7 天　　B．样本不能代表学校学生总体

C．调查对象应仅限于 8 年级学生　　D．音乐课一星期只有 3 天才有

12. 杰斯 15 次测验的平均得分是 95 分。假设最近一次测验他得了一个最低分 72 分，那么杰斯的新平均得分是多少?

A. $N=\dfrac{95+72}{2}$　　B. $N=\dfrac{95\times15-72}{14}$

C. $N=\dfrac{95\times15+72}{16}$　　D. $N=\dfrac{95\times(72-15)}{15}$

13. 棒球票在 1996 年金额是 3 美元，下表罗列了自 1996 年以来棒球票的金额变化。

年份	金额
1996	3.00
1997	3.30
1998	3.65
1999	4.05
2000	4.50
2001	5.00

根据表中数据，求 2005 年棒球票的金额。

A．5 美元与 6 美元之间　　B．6 美元与 7 美元之间

C．7 美元与 8 美元之间　　D．8 美元与 9 美元之间

14．下面表格中所列的是杰克一学年来每月阅读小说的页数。如果杰克 5 月份仅阅读了 125 页，那么下列哪个数据变化最大？

月份	9	10	11	12	1	2	3	4
页数	370	393	380	376	396	372	385	391

A．平均数　　B．中位数

C．众数　　D．所有数据变化相同

15．在篮球赛季最后一场比赛之前，费那得了 73 分，在最后一场比赛中，他得了 20 分，因此这一季度，他平均每场比赛得分是 15.5 分。要想知道他共参加了多少场比赛，首先要求出总得分，那么第二步是？

A．加上 15.5　　B．从总分中减去 15.5

C．总分乘以 15.5　　D．总分除以 15.5

16．同时玩掷骰子与转转盘的游戏。转盘上红、紫、蓝、绿这四种颜色被转到的概率是均等的。请问，转盘转到红色且骰子扔到数字 5 或 6 的概率

是多少？

A．3/10　　B．1/8　　C．1/12　　D．1/24

17. 服装店对 100 名年龄在 12 ～ 16 岁的男孩进行了调查，调查内容是他们所喜爱的 T 恤衫的颜色，调查结果如下。

颜色	百分比（%）
紫色	35
橘黄色	45
绿色	15
黄色	5

如果服装店根据此数据去订购 T 恤，会出现什么结果？

A．超过一半的订单将是橘黄色

B．超过一半的订单将是橘黄色与紫色

C．将只订橘黄色与紫色

D．1/3 的订单是绿色与黄色

18. 根据电子计算装置统计，在 7 小时以内共有 3 962 辆车通过十字路口。如果每小时通过十字路口的车辆数是一样的，那么 9 小时以内通过的车辆数可用下列哪个方程式求出？

A．$\frac{7}{3\,962}=\frac{9}{x}$　　B．$\frac{3\,962}{7}=\frac{9}{x}$　　C．$\frac{7}{x}=\frac{9}{3\,962}$　　D．$\frac{7}{3\,962}=\frac{16}{x}$

19. 下图是立体图形的上面与前面，请找出正确的立体图形。

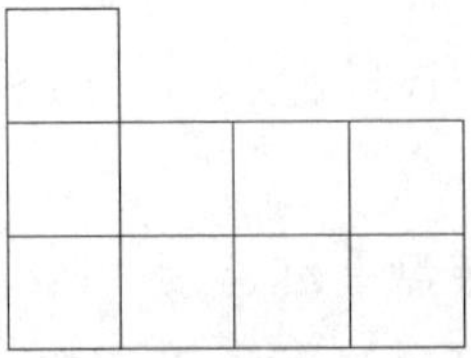

上面

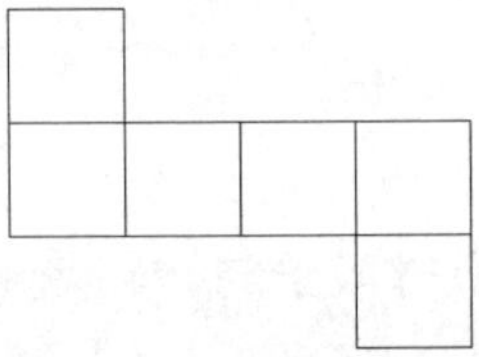

前面

A.

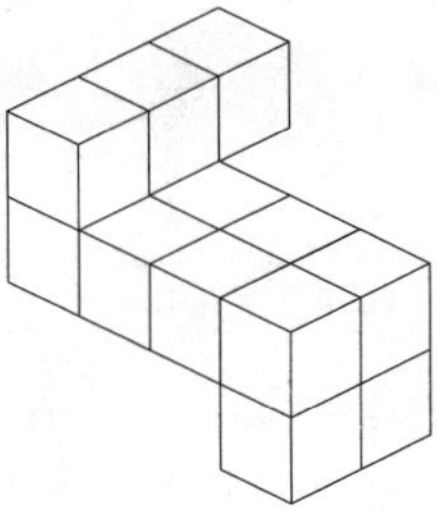

B.

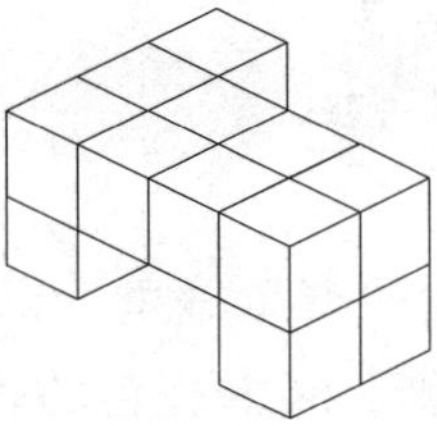

C.

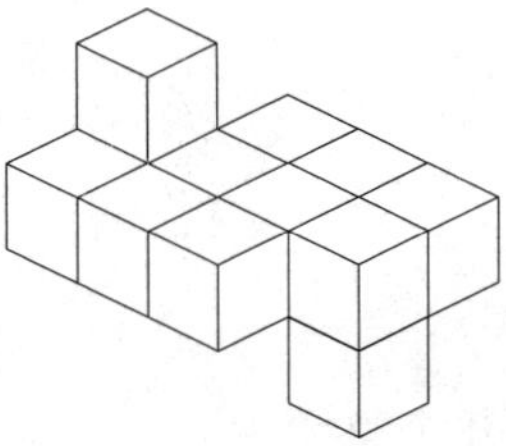

D.

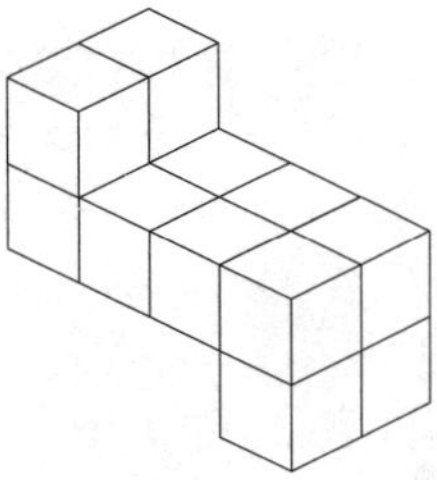

代数测试①

1. 如果 $a = 2$, $r = 0$, $t = 1$, $s = 9$，那么 $s+t+a+r+t=$ ______________。

A. 0　　B. 12　　C. 13　　D. 21

2. 花园里有 a 只蚂蚁，但是走丢了 3 只。如果一只蚂蚁有 6 只脚，那么剩下的蚂蚁一共有多少只脚？

A. $6a-3$　　B. $6(a-3)$

C. $6a-3a$　　D. a^6-3

---

① 据 https://www.mathleague.com/ml-files/algebra_1_2018-19_contest.pdf 编译。

3．$6x^2-5+4x-3+2x^2-1+2x-3+4x^2-5+6x=$ ＿＿＿＿＿＿＿＿。

A．$36x-17$　　B．$24x-9$

C．$12x^2+12x$　　D．$12x^2+12x-17$

4．在我的糖果罐里，正好有 $3b$ 颗红色的软糖、$5b$ 颗绿色的软糖、$6b$ 颗橙色的软糖，没有其他颜色的软糖。在我的糖果罐里，一共可能有多少颗软糖？

A．35　　B．42　　C．60　　D．90

5．$(x-y)(x+y)(x-y)=$ ＿＿＿＿＿＿＿＿。

A．x^3-y^3　　B．$x^3-x^2y-xy^2+y^3$

C．x^3+y^3　　D．$x^3+x^2y+xy^2+y^3$

6．$(x^2-1)(x^2-2)(x^2-3)(x^2-4)=0$ 有几个整数解？

A．2　　B．4　　C．6　　D．8

7．艾维和比利一整天都在用沙子堆城堡。艾维堆起来的城堡数量是比利的 3 倍。忽然打来一阵浪，摧毁了艾维的 3 个城堡，而这时候比利又堆起了一个城堡。这时，艾维的城堡与比利的城堡数量之比为 5∶2。艾维的城堡在被海浪摧毁前一共有多少个？

A．11　　B．12　　C．30　　D．33

8．如果 $135\times46=a$，那么 $135\times48=$ ＿＿＿＿＿＿＿＿。

A．$a+2$　　B．$a+92$　　C．$a+94$　　D．$a+270$

9．如果 $x\neq0$ 且 $2x-\dfrac{y-3x^2}{x}=\dfrac{4}{x}$，那么 $y=$ ＿＿＿＿＿＿＿＿。

A．$4-x^2$　　B．$4+x^2$　　C．$5x^2-4$　　D．$4-5x^2$

10．在皮特收集的瓶子中，有 80% 是绿色的。在所有这些绿色的瓶子中，有 30% 放的是香水，45% 放的是香料，剩下的 25 个绿色瓶子全部放了药片。皮特一共收集了（　　）个瓶子？

A．75　　　　B．100

C．120　　　　D．125

高中　数学在推理间

高中阶段，学生的抽象思维能力和空间想象能力都得到了进一步的发展，因此数学的学习需要而且必须体现更高的挑战性和综合性，从而为学生毕业后进一步的大学深造或踏入社会、进入职场奠定坚实的学习基础。所以，高中数学作业更多地体现了数学知识综合应用的挑战，需要高层次思维能力的参与。复杂情境中数学问题的综合解决成为作业历练的常态。

1 数学游戏①

1.（1）在 3×3 的点上，能够找到多少个不同的三角形？举例如下。

注意：右图中的三角形不算，它与左边的三角形完全相同，只是摆放角度的差异。

① 胡庆芳，杨翠蓉，季磊，等.美国学生课外作业集锦[M].北京：教育科学出版社，2008：158-160.

（2）在 4×4 的点上，能够找到多少个不同的三角形？

（3）在 5×5 的点上，能够找到多少个不同的三角形？

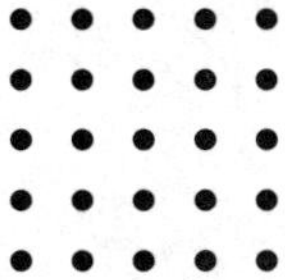

2. 图中的每个点都是一系列正方形的顶点。举例如图。

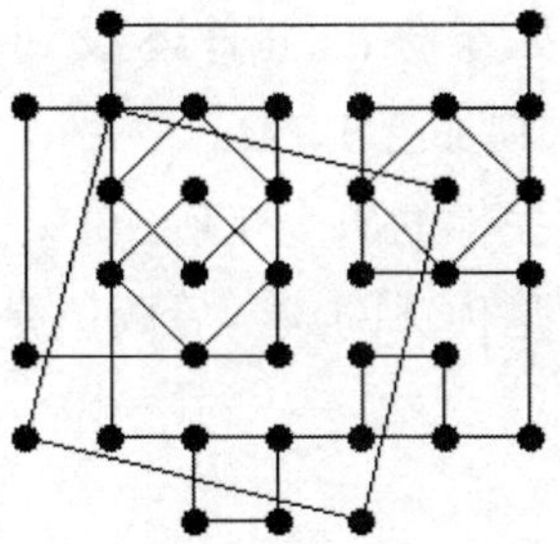

注意：虽然会有若干个正方形共用一条边，但是没有两个正方形共用一个角。请画出（1）和（2）中的正方形。

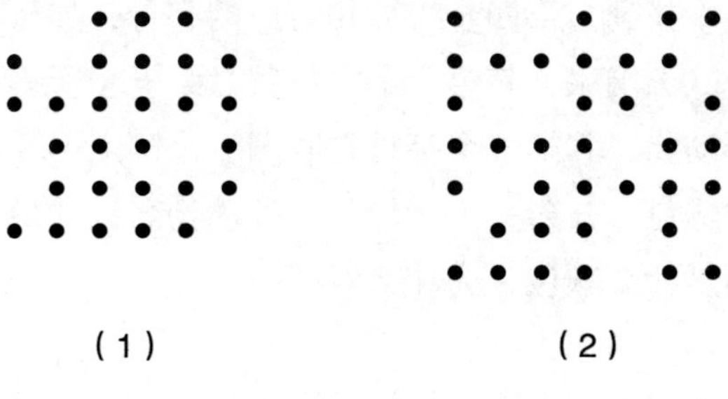

（1）　　（2）

3. 仔细观察下面的图形，该图形中共有多少个三角形？

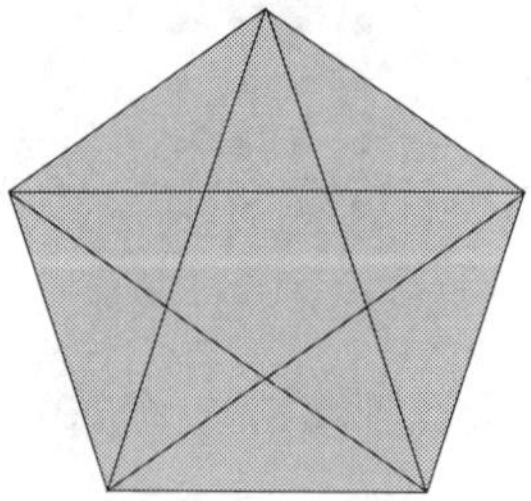

4. 猜数字。

（1）在 1 ～ 9 中任选一个数。

（2）然后乘以 2。

（3）得数加上 5。

（4）得数乘以 50。

（5）现在是 2022 年。如果你的生日还没到，则用第四步的得数加上 1 771，如果你的生日已过，则加上 1 772。

（6）用第五步的得数减去你的出生年份。

（7）最后的得数第一位是你选的数，后两位是你现在的年龄。

5. 猜颜色。

（1）从 1 ～ 10 中任选一个数字。

（2）得数乘以 9。

（3）得数加上其相应的位数。

（4）得数减去 5。

（5）在字母表中找到与第四步得数相对应的字母，如 A=1、B=2…

（6）找到一个欧洲国家，其第一个字母就是第五步所得到的字母。

（7）找到一个动物，其第一个字母是欧洲一个国家名称的最后一个字母。

（8）找到一种颜色，其第一个字母是一种动物名称的最后一个字母。

（9）我能猜到是什么颜色，为什么？

2 源于日常生活的书面作业①

代 数

1．生物学家发现，遗弃细菌 x 天，则存活的细菌数量是：$p(x)=2\,000+6\,000\lg(x+a)$。已知现有细菌数量是 2 572 个，7 天后，求还有多少个细菌？

2．摩托艇离开船，向北以 80 千米 / 小时的速度行驶，船向东南方向以 32 千米 / 小时的速度行驶。已知摩托艇现有的汽油只能行驶 4 小时，摩托艇须在汽油用完前返回至出发点，并沿着船的方向追上船。求摩托艇从折回点到追上船时行驶的最远距离。

3．贝蒂与琼丝计划开汽车进行一次 5 000 千米的旅行，汽车有 5 个轮胎，其中 4 个是常用的。她们计划轮流更换轮胎，这样，每个轮胎所行驶的里程将是一样的。每个轮胎将行驶多少千米？

4．IBM 公司发现，每投入 x 百万美元到研发中，就会相应获利 $p(x)=20+5\log_3(x+3)$。若要获利 4 亿美元、12 亿美元，则分别要投入多少钱到研发当中？

5．卡车以 40 米 / 秒的速度经过广告牌后的警车停车点，2 秒后，警车以加速度 3 米 / 秒的速度来追该辆卡车，需要经过多少米才能追上？

① 胡庆芳，杨翠蓉，季磊，等．美国学生课外作业集锦 [M]. 北京：教育科学出版社，2008：160–165.

6．镭呈阶状消亡，经过 25 年后，其重量是最初的一半。一位化学家放了 0.5 千克的镭在搁板上，5 年之后还剩下多少？假如 10 年之后剩余重量是 0.7 千克，最初重量是多少？

7．一种未命名的化学物质在 20 年间重量减少了 15%，这种物质重量减少一半要经过多少年？

几　何

1．下图所示为钟摆位置的曲线，钟摆频率是 $w=(g/l)^{1/2}$，g=10 米 / 秒，l 是钟摆的长度。如果钟摆长度是 40 厘米，写出钟摆的周期与位置的方程式，并在图中标出在第 5 秒时钟摆所处的位置。

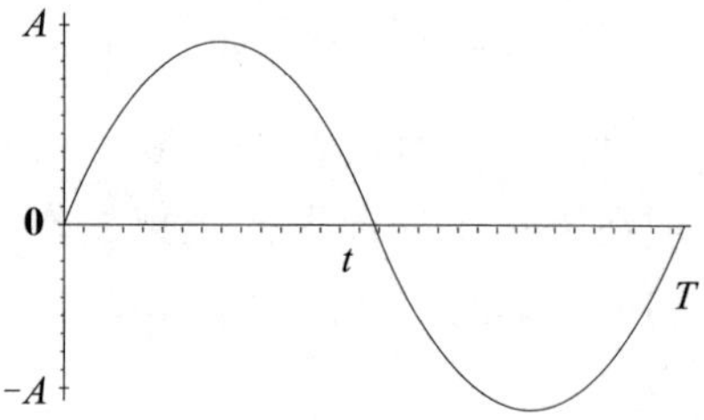

2．车在离墙 10 米远时，车灯在墙上照出了两个光圈，车的速度是 3 米 / 秒。当车离墙 6 米远时，求光圈面积的变化。

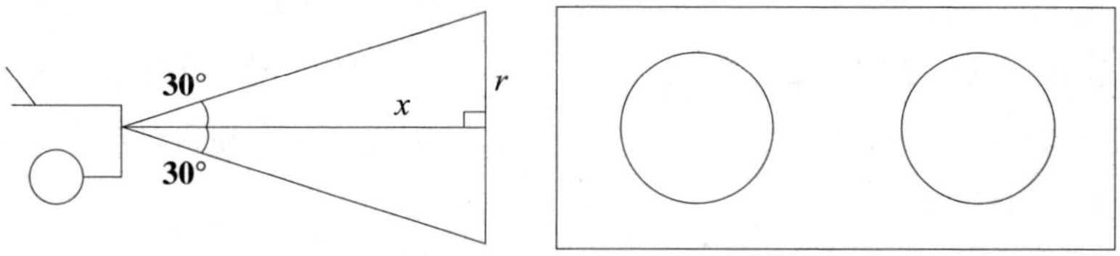

3．吉丽尔通常会在所阅读的地方做一个记号——将书页的右下角折到对边。已知该书长 15 厘米、宽 12 厘米，求形成角 Q 的折痕长度。

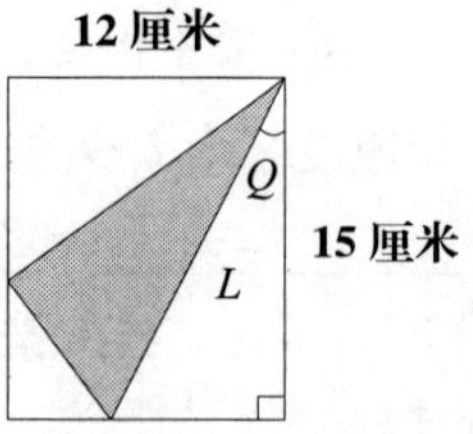

4. 如下图所示，C 是湖心岛处的一所房屋，另一所房屋是 B，已知从 A 到 D 的距离是 10 千米，$\angle ABC = \angle CAB = 28°$，求从 B 到 C 的距离。

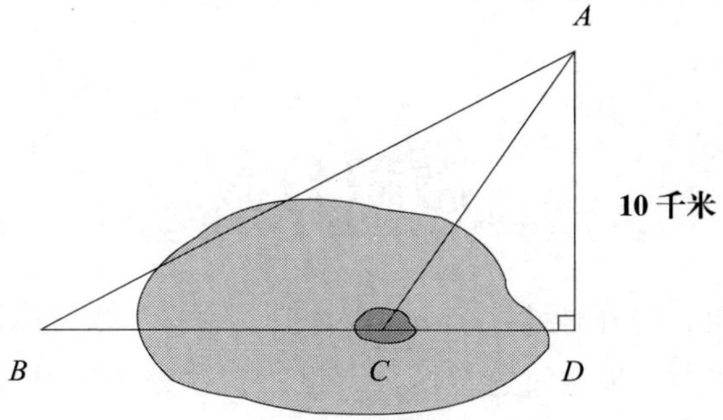

5. 菲尔在照顾两岁的弟弟弗兰克。趁菲尔不注意，弗兰克抓住玻璃缸，使得它倾斜，水面升至 D 点。C 是玻璃缸长边的中点。如果该玻璃缸高 40 厘米、长 100 厘米、宽 60 厘米，求原来水的深度。

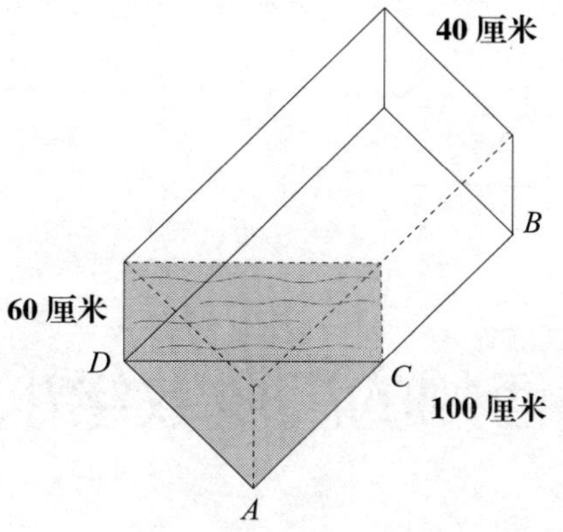

统计与概率

1. 你和你最好的朋友斯巴克玩掷硬币的游戏，斯巴克连续十次掷到硬币正面朝上。请你估计斯巴克下一次掷的硬币是正面朝上还是反面朝上。

2. 凯的家人对饮食非常讲究，他们不会让白葡萄酒与光线频繁接触，最多接触十二次，其中包括购买时一次、打开酒柜时一次、喝酒时一次。凯家里每天喝一瓶白葡萄酒，他们大概隔多长时间要去购买一次白葡萄酒？

微积分

选择一个花瓶，对花瓶上各点的尺寸进行测量，然后选择一个函数来模拟花瓶的轮廓，并进一步通过这个函数，运用微积分的知识求出：

（1）花瓶的体积。

（2）以均匀速率向花瓶注水时，水面上升的速度。

3 测　试①

新泽西州的高中数学小测验

测验须知

所需时间为 30 分钟。

不得用计算器。

试题

1. $a<b$，且 a 与 b 是正整数，如果 a 与 b 只存在一个值，满足

① 据 https://www.mathleague.com/ml-files/hs_contest_1_2005-06.pdf 编译。

$3^2+4^2+5^2+12^2=a^2+b^2$，那么 $a+b$ 的值是多少？

2．汤姆计划要在万圣节捉弄的人数是山姆的 2 倍，而山姆计划要捉弄的人数是罗兹的 3 倍，他们共计划要捉弄 50 人。如果一人只受到一次捉弄，那么山姆要捉弄多少人？

3．如果两个等边三角形叠放且同心，它们就组成了一个星星的形状。如果两者的重叠部分组成了一个面积为 60 平方毫米的等边六边形，那么一个等边三角形的面积是多少？

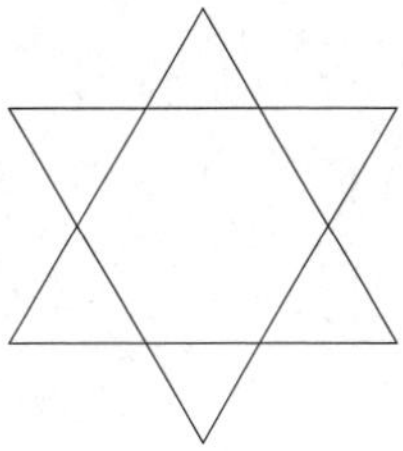

4．n 为正整数，如果 $\sqrt{n}$ 与 $\sqrt{100}$ 的差值小于 1，那么有多少个 n？它们分别是什么数值？

5．请计算出下列 5×5 的格子图中有多少个正方形。

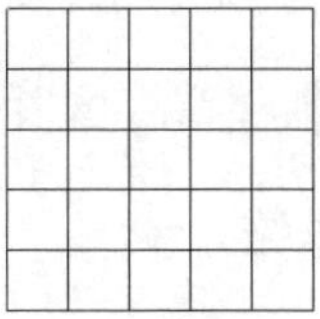

第三部分
科学作业

本部分主要通过物理化学、生物、天文地理三大块内容来介绍科学作业。科学课外作业的主要形式是科学活动，是对客观现象进行观察与探索的活动。科学课外作业的目的是：系统掌握物理、化学、生物、天文、地理等知识，了解进行科学研究的基本步骤与科学规范，激发探索客观世界的兴趣，培养解决生活中科学问题的能力和科学的态度与责任，发展科学思维。

小学、初中、高中科学课外作业的设计体现出渐进性和层次性的特点。小学阶段的科学作业主要是让学生了解初步的科学知识与科学规范；初中阶段的科学作业主要是让学生系统地了解不同领域的科学知识，掌握科学活动的步骤；高中阶段的科学作业主要是让学生独立自主地进行科学探索，获得不同领域的科学知识，提高科学研究的能力。

小学　生活中无处不在的科学

小学阶段的科学课程主要是激发学生的好奇本能，提高他们对科学探索的兴趣，掌握初步的科学知识，学习基本的观察技能、实验技能、科学事实、科学概念、科学原理等，为初中科学学习打下基础。小学生的科学课外作业主要是有家长参与的科学探索活动，在家长的参与、帮助和指导下，学生可以运用一定的科学知识和方法去认识生活中无处不在的科学现象。

1 物　理

泡泡节
——家庭科学夜[①]

◎ 适用年级

幼儿园至 2 年级

① 据 https://sedl.org/afterschool/lessonplans/index.cgi?show_record=23 编译。

◎学习目标

1. 学习科学探究的基本技能：假设、观察、记录、分析、交流结果、计划下一次探究等。

2. 完成科学笔记或科学调研记录。

3. 学会通过与其他群组做比较，得出结论。

◎材料准备

1. 4升的泡泡溶液（从4升水中取出一杯倒掉，另加入一杯洗洁精，滴入50～60滴甘油）。

2. 塑料桌布或大型垃圾袋。

3. 水桶、海绵、拖把、扫把、纸巾、醋（打扫卫生时使用）。

4. 覆盖桌子和地板用的报纸。

5. 平底塑料容器。

6. 两只篮子，分别贴上“有效”和“无效”字样。

◎活动要求

1. 齐上阵。

家庭成员需要一起参加活动，并在活动前回答下列问题。

（1）谁吹过泡泡？

（2）好的吹泡器有什么特点？

2. 勤比较。

家庭成员一起试用各种吹泡器吹泡泡。好用的放入贴有“有效”字样的篮子里，不好用的放入“无效”篮。同时，思考下面两个问题并做好记录。

（1）你是如何认定吹泡器好用或不好用的？

（2）得出结论前你试用了几次？

3. 解释结论。

解释你的结论，写出好用与不好用的吹泡器各有什么特点。

4. 深入探究。

对所见所得进行记录，对照好用的吹泡器进行绘图，并对吹泡器进行改造以获得更好的吹泡泡效果。

自制雨棒[①]

◎适用年级

3～5年级

◎文化背景

雨 棒

雨棒又称雨棍（rain stick），旋转和摇晃时会发出类似下雨或流水的声音，音色舒缓自然，是一种世界性乐器。雨棒最早出现在远古的干旱地区，是传统仪式中的祈雨器具，人们相信演奏雨棒可以带来暴雨，现在的南美洲地区，如秘鲁和智利，仍有居民用它来祈雨。传统的雨棒由仙人掌制成，里面是空心的。先把仙人掌放在太阳下晒干，拔下刺后又将其穿入仙人掌内，再把碎石或豆子等小颗粒物体放入中空的仙人掌内，并将其底部密封。当颗粒物因重力下落，遇到交错排列的小棍子（嵌入的仙人掌刺）而碰撞发声时，雨棒就制作成功了。

◎学习目标

自制能随时随地倾听雨声的雨棒。

◎材料准备

1．纸筒，可以用硬纸板制作的管子（用礼品包装纸做成的长筒更好），也可以把2～3个纸巾卷粘在一起。

2．马克笔。

3．约60枚2.5厘米长的钉子。

4．胶带。

5．纸。

① 据 https://www.exploratorium.edu/frogs/rain_stick/ 编译。

6．大米或生豆子。

◎活动过程

1．用马克笔在纸筒上画一条螺旋形的线。沿着这条线，每 1.5 厘米画一个圆点。

2．在每个点上戳一根钉子，确保钉子不会刺穿纸筒的另一边。

3．把胶带缠绕在纸筒上，用以固定钉子。

4．另外剪两张能盖住纸筒开口的硬纸片，将其中一张固定在纸筒开口的一端，用胶带固定。

5．将一把大米或豆子从纸筒的另一开口端放进纸筒。用手盖住开口，然后把纸筒翻过来，大米或豆子在下落过程中碰到钉子会发出不同的声音。多次少量添加大米或豆子，直到出现自己喜欢的声音（豆子发出的声音更硬，大米则会发出比较柔和的声音）。

6．将另一张硬纸片盖住纸筒的另一端开口，用胶带密封。翻转雨棒，倾听“下雨”的美妙声音。

2 化　学

观察酸雨效应[1]

◎适用年级

5～6 年级

① 据 https://www.teachengineering.org/activities/view/cub_air_lesson06_activity2 编译。

◎学习目标

1. 能够使用指示剂来区分酸性和中性溶液。

2. 观察并描述酸雨对生物和非生物的有害影响。

◎活动过程

活动1 认识醋酸对物品的作用

1. 4人一组，使用pH试纸测量醋和蒸馏水的pH，填写实验记录表。猜测：

（1）醋含有醋酸，放在醋中的物品会有什么变化？

（2）如果将这些物品分别放在水中和醋中，它们的变化是否相同？

2. 给装了醋的罐子贴上“醋”的标签，给装了水的罐子贴上“水”的标签。然后分别在两个罐子中放入一个回形针、一块蛋壳和一片绿叶，最后把盖子盖上。

3. 第二天，取下盖子，观察罐子里物品的变化。在实验记录表上写下观察结果。

（预期结果：在水中，物品均没有显示出明显的变化；在醋中，蛋壳是软的，叶子上可能有棕色的斑点，回形针没有明显的变化。）

活动2 认识醋酸对植物的作用

每天用一杯蒸馏水浇灌一株植物，同时用一杯加了一汤匙醋的蒸馏水浇灌另一株对照植物。一周后，观察两株植物的变化。

◎作业内容

搜索互联网上关于酸雨给植物、土壤、河流、建筑物和汽车等造成损害的相关信息，了解酸雨对生物和非生物的危害（酸雨会让湖泊变酸，威胁到一些鱼类的生存；酸雨会改变土壤的化学成分，导致土壤中供应植物生长的营养物质变少等）。

3 生　物

看懂食物标签①

◎适用年级

小学各年级

◎文化背景

《营养标签和教育法》(Nutrition Labeling and Education Act, NLEA)是美国在1990年通过的一项联邦法案，要求几乎所有出售的食品都要在包装上提供营养信息。《营养标签和教育法》的目标之一是告知消费者食品的营养价值，帮他们做出更健康的食物选择。《营养标签和教育法》使标签管理更加统一，清楚地规定了制造商必须在标签上注明的信息，从而使消费者可以更容易地理解食品上的标签。

◎学习目标

一般来说，由于父母包办了采购工作，大部分学生很少去超市，很难形成看食物标签的习惯。本课程的目标是让学生了解食物的营养成分，能够按照“食物金字塔指南”和相应的食物标签，为自己设计一个营养均衡的菜单。

① 据 http://www.cyberbee.com/foodquest.html 编译。

◎材料准备

五种不同的食物标签。

◎活动过程

1．探讨问题。

（1）什么是食物标签？

（2）食物标签上列有哪些项目？

（3）《营养标签和教育法》是何时施行的？为什么要设立该法案？

（4）什么是“食物金字塔指南”？

（5）看懂食物标签有何重要性？

（6）如何确保自己每天摄入了适量的维生素 B？

（7）低胆固醇饮食结构者如何从食物标签上获益？

（8）安排一日三餐时，“食物金字塔指南”可以在哪些方面帮助你？

2．完成任务。

查阅标签所示的食物营养成分，根据“食物金字塔指南”对其进行分类。内容包括：

（1）列举五种带有标签的食品。

（2）对五种食品的成分进行列表、分类。

（3）绘图说明食物标签的哪些地方符合“食物金字塔指南”的要求。

3．课堂活动——VR 购物。

假设每位学生拥有可购买一周食物的钱。课上让学生登录网上商店进行一场虚拟的购物之旅，课后打印出虚拟购物清单与费用，并建议学生评价自己的模拟购物实践是否合理。

◎作业内容

1．为自己设计一份营养均衡的菜单，包括早中晚三餐及零食。

2．为菜单写一份食谱。

利用堆肥为蚯蚓建一个栖息地①

◎ 适用年级

1 年级

◎ 教师支持

环境工程师需要运用创新、可持续、便捷的方法，减少废物和污染物的产生，保护空气、水和土壤，尽量减少人类活动对自然的影响。堆肥是有机废料分解成肥料的自然过程，能够在社区和学校操作。

◎ 学习目标

结合工程学和生物学，利用堆肥为蚯蚓打造一个良好的生存环境，了解如何区分生物和非生物、蚯蚓栖息地的特点、蚯蚓如何将有机废物转化为土壤，以及堆肥在大自然可持续发展中的重要地位。

在活动结束后，应具备以下能力：

1. 识别并区分生物和非生物。
2. 观察生物及其环境，了解外界环境变化如何影响它们的栖息地。
3. 确定生物的基本需求（空气、水、食物和空间）。
4. 观察和描述蚯蚓的栖息地。
5. 了解土壤的形成过程。
6. 解释堆肥是废物利用、减少污染的一种可持续做法。

① 据 https://www.teachengineering.org/activities/view/uof-2378-engineering-compost-habitat-red-wigglers-worms 编译。

◎活动过程

第1天

1．头脑风暴：如何帮助地球保持健康？观看视频“环境工程师的职责”，了解人们可以用3R法——reduce，reuse，recycle（减少原料，再次利用，循环使用）来帮助地球。

2．使用交互式网站、智能板或其他交互式软件，学习并练习废物分类；了解哪些物品可以回收，以及如何正确回收物品；学习细菌、真菌和无脊椎动物如何帮助堆肥等。

3．结合所学知识讨论：什么可以回收？什么可以堆肥？什么不能堆肥？

4．朗读文章《堆肥：大自然的回收工》，讨论堆肥的重要性，讨论如何设置并维持好适合堆肥的条件，以及什么动物能够帮助堆肥。在实验室的笔记本上写下堆肥的定义，并列出可以堆肥和不能堆肥的废物清单。

5．观察并记录日常生活中的哪些行动与3R法理念一致，准备在课堂上分享。

第2～5天

1．阅读《蚯蚓日记》，了解蚯蚓，关注蚯蚓如何把废料分解为更具肥力的土壤。

2．阅读《讨厌的蚯蚓》，了解蚯蚓的栖息地。

3．阅读《工作中的蚯蚓》，了解蚯蚓的生命周期、饮食和平面解剖图。

4．阅读《堆肥制作所需材料》，设计一个栖息地模型。

蚯蚓栖息地的“床品”，如纸板、报纸和各种纸张等，有助于支持堆肥，并且可以吸收多余水分，有些纸板和报纸也是蚯蚓的食物。分组讨论选用哪五种原料（两种“床品”和三种来自外部的有机材料）来组建自己团队的蚯蚓栖息地。跟其他工程设计一样，学生应控制堆肥箱中的物品及数量，设置条件如：

（1）放入多少有机废物？

（2）每个堆肥箱要放多少条蚯蚓？（50条）

（3）添加到堆肥箱中的水量是多少？（200毫升）

（4）三种来自外部的有机材料和两种“床品”分别是什么？

（5）如何控制材料的总重量？

（6）堆肥的翻动频率是多少？

（7）可以用作堆肥的容器有哪些？

（8）堆肥箱应摆放在什么位置？

5．收集堆肥所需的材料并建立生态环境模型。

第6～8天

1．了解工程师如何设计模型和收集数据：用天平测量物体质量，用烧杯测量液体，用放大镜观察物体，所有上述工具都将用于设计堆肥箱和后期收集数据。

2．比较物体的重量，讨论为什么某些物体比其他物体重。例如，为什么装在小袋子里的糖比装在同样袋子里差不多大小的小木块重？

3．学习使用烧杯和放大镜：分组测量100毫升水和800毫升水；描述放大镜的功能。

4．把各种原料和有机材料添加到堆肥箱里，并在每个堆肥箱中添加50条蚯蚓，充分观察蚯蚓后，在堆肥箱中加入200毫升的水。学习如何用堆肥机转动堆肥箱，并隔几天把堆肥翻动一次，确保有足够的空气。

5．观察蚯蚓的行为和堆肥箱中的变化，记录土壤中的水分情况和堆肥箱的温度，并学习如何保持堆肥箱中适当的温度与湿度。用放大镜观察土壤和蚯蚓，用湿度计和温度计收集数据，并将数据记录在实验室的笔记本上。

第9～13天

1．在实验室电脑上创建一个包含“水分”“温度”和“观察”三列的图表。每次收集数据时，都需要做一个新的图表。

2．每天回答以下问题。

（1）你的堆肥箱里发生了什么变化？

（2）蚯蚓在干什么？哪些行为对堆肥有效？哪些行为对堆肥无效？

3．在第11天或第12天，翻动堆肥，让空气进入。

4．为了最后的课堂展示，制作一张包括以下四个部分的海报：材料（以及为什么选择它们）、数据、观察结果（包括所有变化、出现的问题和结果），以及你会如何重新设计活动（下次你会做哪些不同的事情）？

繁忙的泵①

◎适用年级

3～5年级

◎学习目标

书面总结并用图片展示人类的心脏是如何工作的。

◎材料准备

能上网的计算机，投影仪（可选），纸张，马克笔、蜡笔、彩色铅笔、铅笔或钢笔，心脏剖面图。

◎活动过程

1. 思考：是什么让心脏跳动的？
2. 在电脑上演示PPT，使用投影仪方便学生观看。
3. 演示心脏的框架，允许学生以图表等形式做笔记。
4. 思考：为什么我们不需要刻意去呼吸？为什么人不需要刻意用力，心脏就可以自发跳动？
5. 复习血液流经心脏的情况。思考：为什么我们需要干净、富含氧气的血液来维持身体运转？完成笔记并与其他同学交流。

◎拓展活动

1. 与美国心脏协会联系，请他们的工作人员到班级做讲座。
2. "快乐之心"团队是由心脏病幸存者、心脏移植的接受者和喜欢分享自己故事的病人组成的，设法与他们联系，邀请他们来为学生讲述自己的

① 据 http://www.beaconlearningcenter.com/Lessons/Lesson.asp?ID=2021 编译。

故事。

3．与当地心脏病专家联系，询问他们是否愿意进校发言。

◎ 作业内容

1．心脏如何泵出干净、富含氧气的血液？写一篇关于心脏如何让血液流动的说明。

2．在教师下发的心脏剖面图上分别标记下列内容：①内层与外层；②右心室；③左心室；④右心房；⑤左心房；⑥心脏主动脉；⑦肺部动脉。

3．在教师下发的心脏剖面图上标出血流示意图。

4 天文地理

岩石与矿物[①]

◎ 适用年级

1 年级

◎ 学习目标

1．通过观察岩石与矿物，了解两者的特点与区别。

2．通过书写、画画描述岩石的形成过程。

3．通过记录科学日志加深对岩石与矿物的了解。

① 胡庆芳，杨翠蓉，季磊，等 . 美国学生课外作业集锦 [M]. 北京：教育科学出版社，2008：179–181.

活动 1　制作冰糖

◎材料准备

两个玻璃瓶、糖、烧锅、水、量杯、食用色素。

◎活动过程

1. 把一杯糖放入烧锅中，加入半杯水，无须搅拌，在高温沸煮的条件下烧 1 分钟。

2. 滴入若干滴色素并进行搅拌，将成品倒入两个玻璃瓶中，存放两个星期。

3. 每天对糖进行观察，如果表面有硬壳则将壳敲破，使里面的水得以继续蒸发，最后就会变成晶体状的冰糖。

活动 2　观察牙膏

◎材料准备

牙膏、粗针。

◎活动过程

将牙膏设想为岩浆，由于岩浆是一种厚重的液体，因此可以使用剩余一半的牙膏来模拟。

1. 把所有的牙膏挤在管子的一端，如果重重地压下去，设想将会出现什么情形。请观察结果，看是否验证了你的假设。这时出现的情况类似喷发岩还是侵入岩？

2. 假设所有的牙膏都从管子的孔中冒出来，将会出现怎样的情形？用针在管子上扎一个孔，然后朝着这个孔挤牙膏，请观察结果，并与你的假设对照。

3. 思考可以在更短的时间内挤出更多牙膏的方法。

4. 思考是否可以用其他材料代替牙膏。

活动 3　制作砂岩

◎ 材料准备

沙子、水、泻盐、纸杯。

◎ 活动过程

1. 在纸杯中装入高度为 5 厘米的水，把 2 勺半泻盐放入其中，搅拌使泻盐完全溶解。

2. 在纸杯中再倒入高度为 5 厘米的沙子，搅拌使其完全混合，这时泻盐就像水泥一样牢牢地粘住了沙子。

3. 一个小时后，把上部的水倒掉，有可能需要倒好几次。

4. 一个星期后，拆掉纸杯，砂岩制作成功后，等待更长的时间使其坚固。

活动 4　重压

◎ 材料准备

纸、厚书。

◎ 活动过程

把十张纸松松地卷成一卷，横放，在其上放置一本厚书，然后重重地按下去，观察一卷纸被压平的过程及结果，并记入科学日志中。（此过程是模拟大自然中，地表的岩石重重地往下压，导致地壳内的岩石被压平的过程。）

初中 世界充满科学的奥秘

初中生已拥有初步的科学知识，抽象思维和逻辑思维增强，能接受并思考复杂的科学概念与原理；观察力、记忆力、想象力与操作能力迅速提高；不仅对身边的自然现象感兴趣，还将目光投向未知的宇宙。初中科学课外作业更多的是在教师的激发和同伴的协助下，学生自主开展多个领域的科学实验，并进行更具挑战性的小组合作的科学探究活动。

1 物 理

认识动能、势能和摩擦力①

◎适用年级

6～8年级

① 据 https://www.teachengineering.org/activities/view/duk_rollercoaster_music_act 编译。

◎学习目标

1. 能论述重力和摩擦力对过山车设计的影响。

2. 能用能量守恒的原理来解释过山车的设计。

3. 能准确推断在过山车轨道中，弹珠拥有最大动能和最大势能时所处的位置。

◎活动过程

1. 3～4人为一组，根据班级过山车设计比赛的评分表（包括创意性和安全性的评分标准），合作尝试各种设计。在过山车模型中，用玻璃弹珠模拟正常情况下的车身，木弹珠模拟空车，钢弹珠模拟满员的车身。当弹珠通过轨道，安全落入杯中，即视为挑战成功。挑战成功的小组中，载客量最大的一组获胜。

2. 各小组开始设计过山车，集思广益，就设计达成一致后，在纸上画出过山车设计图，为它们命名，并制作标志。在这个过程中，教师应查看各小组的图纸，指出需要改进的地方，以确保他们提出的设计实际可行。

3. 每组用一个泡沫塑料管、一卷胶带和一个纸杯制作过山车模型，并把纸杯放置在轨道尽头以接住落下的弹珠。在10分钟内制作完成最初的模型。

4. 不断完善本组设计，并参加班级竞赛。

5. 用物理知识解释所遇到的问题，如：

（1）弹珠没有足够的势能，是因为它所处的位置不够高。

（2）弹珠移动速度慢，是因为弹珠和轨道之间的摩擦力太大了。

6. 思考下列问题。

（1）什么样的过山车模型让弹珠的运动速度最快？

（2）什么样的过山车模型安全性最高？

（3）从过山车模型测试中，你发现了什么？

（4）如果无视物理法则去设计模型，将会发生什么？

◎作业内容

如果要改进自己的过山车模型设计，你会从哪些方面入手？

加热与冷却①

◎ 适用年级

6～8 年级

◎ 学习目标

1．能判断加热或冷却某一物品，运用的是传导、对流还是辐射原理。

2．了解一些能很好地发挥传导、对流或辐射作用的材料。

◎ 活动过程

第一课时　给可乐罐保温和降温

1．学生 4 人一组展开头脑风暴，自行收集材料制作保温和冷却装置，设计方案时最好能进行废物利用。不允许使用现成的东西，如保温饭盒、保温杯等。

2．在所有小组都制作好保温和冷却装置后，给每组发放两个装满 35℃水的可乐罐、一个温度计和一个计时器。让各小组把两个可乐罐分别装入保温装置和冷却装置。提醒学生每 5 分钟计时一次。额外准备两个装满 35℃水的可乐罐进行对照，指派一名学生同时记录这些可乐罐的温度。此时，室温为 10℃。

3．让学生用不同颜色的笔为两个装置中的可乐罐绘制温度变化折线图，用 y 轴表示水温，用 x 轴表示时间，最后再绘制对照组中任意一个可乐罐的温度变化折线图。这样，学生不仅可以直观地看到放在两个装置中的可乐罐的温度变化情况，还可以与没有经过任何处理的对照组可乐罐进行对比。

第二课时　学生演示

1．每个小组向全班做一个简短的报告，以 30 分钟内可乐罐的温度变化

---

① 据 https://www.teachengineering.org/activities/view/duk_heattransfer_smary_act 编译。

为论据，对比对照组可乐罐的温度变化，总结其保温和冷却装置的有效性。小组成员还应该展示装置的材料和构成，并解释自己如何利用或消除传导、对流和辐射原理达到目的。

2. 总结能让可乐罐保温或冷却的装置的特点。

3. 提出其他的给可乐罐保温或冷却的方法。例如，把可乐罐放在阳光充足的窗台上，可使其更好地接受辐射；把可乐罐放在凉爽角落的水泥地上，并对着可乐罐扇扇子加强对流，可使可乐罐冷却。

◎ 作业内容

小组合作，改进课堂上制作的保温或冷却装置。

2 化　学

识别空气成分[①]

◎ 适用年级

5 ～ 7 年级

◎ 学习目标

1. 描述空气的成分。
2. 解释为什么环境工程师需要了解空气的成分。
3. 学会使用饼状图描述空气的成分。

---

① 据 https://www.teachengineering.org/activities/view/cub_air_lesson01_activity1 编译。

◎活动过程

第一课时 认识空气的成分

1. 思考：什么是空气？空气是由哪些成分组成的？

2. 给每个学生一袋巧克力豆，说明每一种颜色的巧克力豆代表一种特定的空气成分。将 7 个棕色、2 个红色和 1 个黄色的巧克力豆放在一张白纸上围成一个圆圈，颜色相近的放在一起，巧克力的摆放要紧凑一些。用笔画出一个圆圈包含所有的巧克力豆，在圆中的大致位置画出圆心，从圆心画三条半径，把不同颜色的巧克力豆区别开。

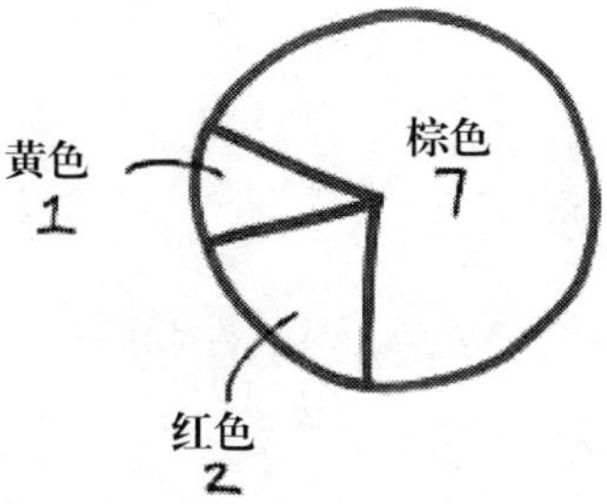

3. 学生在划分出的每个区域标上巧克力豆的颜色和数量，写出每个区域的巧克力豆数量占巧克力豆总数量的比例。

4. 结合饼状图了解空气成分：棕色的巧克力豆代表氮气（N_2），占 78%；红色的代表氧气（O_2），占 21%；黄色的代表氩气（Ar），占 0.9%；其他稀有气体约占 0.1%，因占比过小而未在饼状图中画出。[①]

5. 告诉学生，黄色巧克力豆占所有巧克力豆的 10%，而氩气只占空气的 0.9%，它们并不对等。用黄色巧克力豆代表氩气，是为了说明氩气是整体中占比第三的成分，与氮气、氧气一样，都占整体一定的比例。

---

① 教师设计的作业原文如此。棕色和黄色巧克力豆分别占全部巧克力豆的比例与氮气和氩气分别占空气的比例并不能简单对等。本作业类似于集多学科为一体的 STEAM 课程。教师不仅讲科学，讲空气的成分，同时也讲数学，讲比例和百分数，用这种方法让学生理解比例和百分数的含义。打破学科疆域，以科学为载体，运用数学知识解决问题，STEAM 课程综合运用学科素养解决实际问题的特点正是本作业的设计亮点。——编者注

第二课时　空气与工程师

全班讨论：为什么了解空气的成分对治理空气污染的工程师来说很重要？环境工程师通常负责减少由工厂和发电厂的排放物造成的空气污染。空气未受污染的自然成分，可以给他们提供准确的参考信息。

◎作业内容

根据其他星球大气成分的数据图表，用巧克力豆表示出来。

认识酸碱性[①]

◎学习目标

通过活动，初步认识酸性和碱性。

◎材料准备

各种蔬菜水果、水、大口杯、两个点滴瓶（分别装有醋或稀释盐酸的酸性溶解液和氨水或稀释氢氧化钠的碱性溶解液）、滤纸、削皮器、加热装置。

◎活动过程

1. 选择一种水果或蔬菜，削去皮，把皮泡在水中。

2. 煮带有皮的水 3 ～ 5 分钟，直到水变色，成为果汁或蔬菜汁（任何一种水果或蔬菜都按此步骤操作）。

3. 冷却果汁或蔬菜汁，在两张滤纸上分别滴一滴。

4. 在一张滤纸的果汁或蔬菜汁上滴一滴酸性溶解液，在另一张滤纸的果汁或蔬菜汁上滴一滴碱性溶解液，观察果汁或蔬菜汁在不同溶解液作用下的颜色变化。

① 据 www.uvic.ca 的作业样例编译。

3 生 物

了解呼吸系统①

◎适用年级

5～7年级

◎学习目标

1. 列出呼吸系统功能下降的几种可能原因及相应的影响。
2. 了解工程师所发明的旨在改善呼吸系统健康和功能的技术。

◎教师支持

工程师与医生携手合作，为与人体呼吸系统相关的疾病寻找治疗方案。工程师运用呼吸、气体流动、液体流动和细胞膜等相关知识，去设计病人部分或全部呼吸系统功能失效时的替代品，包括药物吸入器、肺功能测试和筛查设备（肺活量计）以及心肺分流装置（人工肺）。

◎活动过程

1. 认识人体的呼吸系统。使用气球、吸管和塑料瓶等材料制作包含横膈膜和胸腔的肺部模型。

2. 观察空气进出时横膈膜的运动方向。

3. 分组制作面部过滤器模型，成品必须能减少进入呼吸系统的空气污染物。

---

① 据 https://www.teachengineering.org/lessons/view/cub_biomed_lesson04 编译。

◎ 作业内容

1．想象你是一个氧气分子，正被吸入体内。从氧气分子的角度，描述在你进入人体的过程中发生了什么。可以使用图表进行展示，务必确保在描述中包括这些部分——鼻子、喉咙、气管、支气管、纤毛、横膈膜、肺泡、毛细血管，要表述出身体是一个由多个相互作用的子系统组成的系统。

2．肺部疾病是导致美国人死亡的三大疾病之一，也是导致一岁以下婴幼儿死亡的主要原因。在老师的指导下了解更多关于肺部疾病的诱因、症状和治疗方法，并为学校、家庭或社区制作一本指导手册，概述肺部疾病造成的危害以及能够降低患肺部疾病概率的措施。

构建 DNA 链[①]

◎ 适用年级

5 ～ 7 年级

◎ 学习目标

1．理解不同的 DNA 编码序列决定了不同的生物性状。

2．探究基本的基因排序方式如何影响个体的基因型和表现型。

◎ 活动过程

第一课时　制作 DNA 链

1．将 DNA 身份构建卡制成 PPT，并始终投影在教室的投影屏上。打印 15 张身份卡（每张是一个人的外表特征，各不相同），3 种性状卡各打印 5 份，一共 15 张。2 人一组，每组分发 1 个盘子、25 根牙签、30 颗不同颜色的软糖、1 张身份卡和 1 张性状卡。（本活动方案假设班级有 30 名学生，共

① 据 https://www.teachengineering.org/activities/view/cub_biomed_lesson09_activity2 编译。

15 组。）

2．向学生解释，性状卡上含有 4 种碱基，不同碱基用不同颜色的软糖代表，其中 3 个碱基组合出一种生物性状。身份卡上有姓名和此人所拥有的身体特征，每个小组分到的是不同的人，需要用不同颜色的软糖表现出他（她）的 DNA，并对其他组的同学保密其身份。提醒学生，DNA 由 4 种核苷酸碱基组成：腺嘌呤（A）、胸腺嘧啶（T）、鸟嘌呤（G）和胞嘧啶（C）。这 4 种碱基以一种非常特殊的方式相互配对：A 总是与 T 配对，G 总是与 C 配对。

3．给学生 10 ～ 15 分钟完成他们的 DNA 链，之后组与组之间互相推断。鼓励每组学生通过对方手中的不同颜色的软糖和 PPT 上的身份信息，倒推出他们手中的 DNA 链所有者的身份，并确认答案是否正确。

4．展开全班讨论：有几个小组猜对了？是什么原因使“解密”过程变难了？（每组拿到的性状卡并不一致，3 种性状卡中代表同种碱基的软糖颜色有所区别。）

第二课时 分析 DNA

教师介绍情境，警方正在侦办几起犯罪案件，学生现在是与警方合作的生物医学工程师。让他们通过从血液和头发证据中提取的 DNA 样本，利用上次使用过的颜色推断出罪犯的身体特征，从而帮助寻找嫌疑人。让学生用彩笔在纸上简略画出嫌疑人的特征。

DNA 样本 1：TGGGCTTAAGGGATA（答案：棕色眼睛，金色头发，右撇子，中等身材，圆鼻子）

DNA 样本 2：TGCGTCTTAGAACAT（答案：淡褐色眼睛，红色头发，左撇子，矮个子，尖鼻子）

DNA 样本 3：TGGGTGTAAGGGGTA（答案：棕色眼睛，黑色头发，右撇子，中等身材，长鼻子）

◎作业内容

1．什么是 DNA？

2．是否有办法使相同的 DNA 序列表现出不同的特征？

3．大多数遗传性疾病都与 DNA 的改变有关。以下哪个 DNA 样本可能有遗传性疾病？这种改变是什么？（下面的例子并非真实情况，不一定会导致真正的疾病。）

（1）AGGAGGGCCTAAGGGGTA。

（2）TGGGCTGTTATA。

（3）TGCGTGGTATAAGGG。

安静的生活和昆虫

——生物与美术的融合①

◎适合年级

8 年级

◎作业设计

英国公立布默希中学 8 年级科学课的一道作业主题为“安静的生活和昆虫：绘画 / 版画和混合艺术组合”。作业完成时间为 8 周。

作业内容包括 7 项任务。

1. 从 3 位版画艺术家中挑选一位介绍其生平及代表作。

2. 完成一张昆虫或植物的素描画。

3. 制作昆虫模型。

4. 创意设计昆虫图画。

5. 拍摄生活中的现代建筑。

6. 将上述已完成的任务制作成文件袋，自己设计两个采访问题并采访至少两位家庭成员，将采访内容形成文字记录。

7. 通过对照检查列表圈出自己在作业完成过程中的收获，完成自我评估。

这些具体任务与生活的关系可以归纳为三个方面。

1. 引导学生观察日常生活，比如昆虫、植物和建筑，并要求学生用不同的艺术表现形式（绘画或摄影）来展现日常生活。

① 杨静林，曾祥敏 . 英国公立中学家庭作业管窥 [J]. 基础教育课程，2021（6）：21–27.

2. 制作昆虫模型、创意设计昆虫图画等活动锻炼了学生的实际动手能力，真正体现了作业最初的劳作、实践之本义，为掌握未来生活所需要的实践技能做准备。对于部分将来有志从事与艺术有关工作的学生而言，这些训练更是在为未来的职业生活做准备。

3. 具体的动手过程培养了学生的创造力、想象力、审美能力以及跨学科知识的融合能力；独立完成作业的过程强化了学生的自主能动性，促使学生成为积极的学习者；对照检查列表则锻炼了学生的自我评价和反思能力。

指纹的奥秘①

◎学习目标

通过观察自己与他人的指纹来认识人类的指纹及其意义。

◎活动过程

1. 进一步搜集资料，了解指纹并尝试问答以下问题。

（1）指纹什么时候开始被用于鉴别犯罪嫌疑人？

（2）为什么在古巴比伦时期，人们就已经开始运用指纹？

（3）美国什么时候开始运用指纹？为什么？

（4）有几种收集指纹的方法？

（5）你怎样对指纹进行分类？

2. 观察自己与朋友的指纹，并进行比较。

① 据 www.cyberbee.com/whodunnit/fp.html 编译。

4 天文地理

星星的分类①

◎学习目标

通过活动了解并掌握不同类别的星星的特征。

◎教师支持

星星分类表

类别	表面温度（℃）	发光值	典型例子
O	25 000 以上	15	蝎虎星
B	11 000 ～ 25 000	7	角宿第一星
A	7 500 ～ 11 000	2.5	天狼星
F	6 000 ～ 7 500	1.3	老人星
G	5 000 ～ 6 000	1.1	太阳
K	3 500 ～ 5 000	0.9	大角星
M	3 500 以下	0.4	心大星

① 据 www.middleschoolscience.com 的作业样例编译。

◎作业内容

根据上面的星星分类表，写出下表中星星的颜色与所属类别。

星星名称	表面温度（℃）	颜色	类别
太阳	5 750	白色与黄色之间	G
猎户座一等星	3 100		
北极星	5 400		
半人马座中的 β 星	25 000		
心大星	3 200		
角宿星	24 000		
毕宿五星	3 600		
狮子座一等星	13 600		
大角星	4 500		
天狼星	10 600		
北落狮门星	9 600		
牵牛星	8 400		
南河三星	6 600		
半人马座中的 α 星	6 000		

认识西西伯利亚平原①

◎学习目标

通过对西西伯利亚平原的矿产、地形地貌和地质构造特点的总结归纳，掌握综合解决问题的方法和视角。

① 白絮飞. 俄罗斯教科书作业设计特点浅析 [J]. 地理教学，2012（22）：59-62.

◎作业内容

通过下面 7 个问题，学习并总结归纳出西西伯利亚平原的矿产、地形地貌、地质构造特点。

1. 西西伯利亚平原位于什么地方？
2. 西西伯利亚平原属于哪个地质构造单元？
3. 西西伯利亚平原的地质构造由哪些发展阶段？
4. 西西伯利亚平原的平均高度、最低高度和最高高度分别是多少？
5. 哪些外部力量一直参与塑造着西西伯利亚平原的地形地貌？
6. 哪些地形地貌的形式和分布被不同进程地塑造着？
7. 什么样的自然现象与地质构造以及地形和地貌的特点相关联？

这是一个综合性较强的作业。学生首先需要回答这 7 个问题，对这 7 个问题的答案进行提炼，最终才能总结归纳出西西伯利亚平原的矿产、地形地貌和地质构造的特点。

月相记录[①]

◎学习目标

1. 通过观察记录月亮形状的变化。
2. 通过观察确定不同的月相。
3. 制作一本月相活动挂图。

◎材料准备

科学日志、铅笔、黑色标记笔、3 厘米 ×5 厘米的便笺纸（30 张）、含有各种形状（其中包括圆形）的三角板、金属纽扣。

① 据 http://www.middleschoolscience.com 的作业样例编译。

◎活动过程

1．每晚在规定时间观察月亮的形状。

2．在科学日志上记录月亮的形状（30天），并填写月相观察表（表1）。

表1 月相观察表

第1天	第2天	第3天	第4天	第5天	第6天	第7天	第8天	第9天	第10天
第11天	第12天	第13天	第14天	第15天	第16天	第17天	第18天	第19天	第20天
第21天	第22天	第23天	第24天	第25天	第26天	第27天	第28天	第29天	第30天

3．绘制月相表格（表2）。

表2 月相

在每一格的右上方注明日期，根据当天的观察用铅笔把月亮黑的一部分描出，剩下的白色就是当日的月相，标注月相的名称。

○	○	○	○	○	○	○
○	○	○	○	○	○	○
○	○	○	○	○	○	○
○	○	○	○	○	○	○
○	○	○	○	○	○	○

4．制作月相的活动挂图。当学生翻动挂图时，观看生动形象的月亮变化。

高中　科学让生活更美好

高中生的心智已趋于成熟，他们对未来的生活充满希望，对未来的职业充满向往。高中阶段的科学课程除了让学生深入了解各个领域的科学知识和原理外，还注重培养他们解决复杂劣构现实问题的能力，兼顾对其未来职业规划的引导。高中科学课外作业表现为：从生活实际出发，让学生通过多种途径了解各个领域不同工作的工作性质、工作方式，并通过创造性解决方案的设计和执行，深度经历科学的实验、工具的应用和创造、结论的形成和知识的建构。

1　食　物①

薯片中脂肪与盐含量的调查

◎学习目标

通过调查与实验活动，了解不同薯片的脂肪与盐含量及其对人体健康的

① 胡庆芳，杨翠蓉，季磊，等.美国学生课外作业集锦 [M]. 北京：教育科学出版社，2008：207–208.

影响。

◎材料准备

不同种类与品牌的薯片。

◎活动过程

1．调查人们喜爱薯片的原因。

2．通过官方网站了解饱和脂肪酸与不饱和脂肪酸的含义，了解商品标签上标注“低脂肪”的规定值。通过调查，找到冠心病患者可食用的薯片类型。

3．在实验开始之前，调查了解高胆固醇与高血压的症状及其诱发因素。

4．选择 6 种不同的薯片，从标签上了解每种薯片的脂肪与盐分含量，了解每种薯片的饱和脂肪酸含量与不饱和脂肪酸含量。

5．通过向教师请教、阅读化学书及浏览网站，了解分析不同薯片的脂肪含量、盐含量的实验；了解分析薯片中脂肪不饱和程度的实验。建议：确定脂肪含量的实验采用重量分析方法，确定盐分含量的实验采用氯化物滴定方法，确定脂肪不饱和度的实验采用溴水滴定方法。

◎作业内容

1．根据之前的调查结果与实验结果，阐述冠心病患者能食用的薯片类型，并解释原因。

2．怎样将你的研究结果与薯片包装上的营养成分进行比较？你能解释两者存在差异的原因吗？

3．提出改进实验的若干建议。

认识土豆中的淀粉

不同品种的土豆用途是不一样的，这是为什么呢？此活动能解释这一问题。

◎学习目标

通过活动，了解土豆中的淀粉含量对烹饪的影响。

◎材料准备

碘液、平底锅、色度计、不同种类的洗洁精，尽可能多的不同品种的土豆，如新土豆、陈土豆、白土豆、红土豆等。

◎活动过程

调查一家农作物加工厂，了解该工厂加工的土豆品种及用途，也可调查食品制造商。

用不同种类的土豆开展下面4个实验，测量土豆的淀粉含量，并认识淀粉的黏性。

	实验方法或目的	说　明
实验1	碘液检测法	用碘液来检测土豆中的淀粉含量，能否测出淀粉含量最多的土豆、最少的土豆？能否根据淀粉含量的多少对土豆进行排序？
实验2	色度计检测法	用色度计来检测土豆中的淀粉含量，将会得到大量的数据，根据淀粉含量的多少对土豆进行排序。
实验3	烹饪土豆	当用平底锅烹饪土豆时，会发现有些品种的土豆会粘锅，这是因为淀粉的原因。试验不同的洗洁精，找到清除粘锅最有效的一种。
实验4	了解淀粉的特点	淀粉的关键特征之一就是黏性。把土豆搅成泥，并用土豆泥粘纸，确定不同品种土豆的黏性。根据黏性的大小来确定不同品种土豆的用途。

2 测 量①

物品测量的活动

假设你在某食品公司质检部工作，你的任务是测量成品的重量和容量是否达标。

◎学习目标

通过一系列的活动，掌握物品净重的测量方法及呈现方式。

◎注意事项

在活动之前，看每一种食品外包装上可允许的重量误差，因为它决定了食品的测量单位是 1 克 / 毫升、0.1 克 / 毫升还是 0.01 克 / 毫升。

◎活动过程

1．测量工具的检查。

思考液体食品（如饮料）容量的测量工具，思考固体食品重量的测量工具；思考测量工具的检查步骤，如应该先检查天平的刻度单位还是先检查砝码。

2．测量实验。

实验 1　固体食品重量的测量活动

思考：如何测量不把包装袋撕掉前提下的成品（已经包装好的固体食品）

① 胡庆芳，杨翠蓉，季磊，等．美国学生课外作业集锦 [M]. 北京：教育科学出版社，2008：209-211.

净重。

随意抽取成品的 10 个样本，然后进行测量，记录测量结果，并计算它们的平均重量，判断是否在允许的误差范围内。

假设测量结果不在允许的误差范围之内，你将怎么办？

实验 2　液体食品容量的测量活动

这些液体食品是装在罐子或瓶子内的，不可能从里面倒出。请设计一个测量成品容量的方案。（提示：从食品的密度来思考。）

随意抽取成品的 10 个样本进行测量，记录测量结果，并计算它们的平均容量，判断是否在允许的误差范围之内。

假设测量结果不在允许的误差范围之内，你将怎么办？

◎ 实验结果

假设你要把测量结果报告给部门经理，需要思考测量结果的最佳呈现形式，使经理能快速轻易地读懂结果。

思考各种图表的优缺点，选用尽可能合适的统计方法来呈现结果。

不同产品组成成分的质检活动

质量检测的职能是检查各种产品的质量，如检查某种单一产品的成分组成和含量、某种溶液关键成分的浓度、某种混合产品的配方等。

◎ 学习目标

通过活动，了解抽样的方法和不同产品质量检测的方法。

◎ 活动过程

1. 联系一家公司的质检部门，或一家质检单位，了解它们的质量检测标准。

2. 选择样本。了解什么是“代表性样本”。

思考：在一批产品中抽取多少样本才能获得可靠数据？如果是数量很多

的产品，选择一个样本并把它分成多块可以吗？还是应该选择多个样本？

3．草拟不同产品的抽样方法。

4．进行质检活动。

实验1　检查一种药片的质量

药品公司对药片质量的检查主要包括检查药片成分和每种成分的剂量。请你根据质量检测的步骤与方法检查一种药——阿司匹林，你会选择什么方法？如果你的检查结果与药品成分注明不一致，可能是什么原因导致的？

实验2　检查一种溶液的质量

检查一种溶液中关键成分的浓度，如柠檬水中的柠檬酸浓度、饮料中的糖浓度、酱油中的盐浓度等。

如果你在学校已做过类似的实验，建议你设计一种新的实验方法。

实验3　检查一种混合产品的质量

混合剂是由不同成分组成的，因此可根据不同成分含量的检测方法来进行质量检测，如检测法式调味酱中油、醋、香草的含量；检测果酱中果粒与水的含量；检测什锦早餐中谷类、水果、坚果、奶粉的含量等。

提示：要抽取有代表性的样本。

3 物　理 [①]

设计制作扬声器

扬声器是根据电磁场的原理制作而成的。一个电磁场是由固定的磁铁产生的，而另一个电磁场则来自于声源。

◎学习目标

通过制作活动，了解扬声器的原理。

◎活动过程

1. 调查市场上的各种扬声器，找到它们的共同点与不同点，并分析原因。

2. 研究电磁与电线缠绕的形状，自己设计一个方案。

3. 计算为了吸收所有声波频率，需要多大尺寸的扬声器。

4. 设计并制作扬声器。

5. 联系扬声器制作商，了解他们是如何检查产品质量的。

6. 检测制作的扬声器。

7. 播放不同声调的音乐，比较你所制作的扬声器与市场上销售的扬声器的区别。

8. 把麦克风通过声卡连接到电脑上用声波显示，比较不同声音声波的差异。

---

① 胡庆芳，杨翠蓉，季磊，等.美国学生课外作业集锦[M].北京：教育科学出版社，2008：212–213.

紫外线强度的探索活动①

◎学习目标

通过活动，了解紫外线最强烈的时刻，了解影响紫外线强度的因素。

◎注意事项

应选择一个晴天进行探索活动。在进行每一次测量时，应注明当时的天气状况，尽可能保证每一次测量的条件都相同。

◎活动过程

1．在活动前思考下列问题：一天中紫外线最强烈的时刻、紫外线强度与温度的关系、一天中温度最高的时刻。

2．测量时确定下列问题：测量温度的工具、测量紫外线强度的工具、测量的时间间隔。

◎活动结果

1．探索活动结果呈现的形式，选择用图还是用表来呈现。

2．确定一天中紫外线最强烈的时刻。

3．你对一天中温度最高时刻的假设正确吗？

4．举例说明紫外线强度与温度的关系。

5．天气对紫外线强度的影响是什么？为什么？

---

① 胡庆芳，杨翠蓉，季磊，等．美国学生课外作业集锦[M]．北京：教育科学出版社，2008：227-228.

4 生 物[①]

活跃的抗酸剂

人体的胃里含有酸性物质，这样才能很好地消化食物，但如果胃部含有过多的酸（如摄取过多含有酸性成分的食物），则会出现胃痛、消化不良等症状。消化不良药之所以能治愈这些症状，在于它中和了胃部过多的酸性成分。

◎学习目标

通过实验，了解抗酸剂的成分和活性。

◎材料准备

不同的含有抗酸剂的药物，如腹痛药、消化不良药等（外包装上写有药物中所含的有效成分），通用指示剂、试管、盐酸、秒表。

◎活动过程

1. 在试管中放入 0.1 摩尔的盐酸，再放入通用指示剂，观察试管内颜色的变化，并记录所需的时间。

2. 在实验过程中思考以下问题。

（1）在每个试管中应放入多大剂量的盐酸？

（2）盐酸的温度应是多少？（了解“体温”的概念。）

（3）当放入抗酸剂后，是否应搅拌盐酸？

（4）从放入通用指示剂到产生颜色变化需要多长时间，即在什么时候可

① 胡庆芳，杨翠蓉，季磊，等．美国学生课外作业集锦 [M]. 北京：教育科学出版社，2008：213–217.

以按下秒表？

◎ 实验结果

记录每一种抗酸剂的实验结果。内容主要包括：抗酸剂的名称、抗酸剂所含的活性成分的名称、酸性成分被中和所需的时间、是否出现嘶嘶的声音等。

◎ 深入思考

1．哪一种抗酸剂中和酸性分子最快？它是不是最好的抗酸剂？对此进行解释。

2．记录与酸性成分发生反应并伴有嘶嘶声的抗酸剂的所有成分。你能否找到导致出现嘶嘶声的成分？

提示：留意有“氧化物”“氢氧化物”“碳酸盐”字样的成分。

鱼的学习行为

观察鱼缸里的鱼，你会发现，当喂食时，鱼都会游到水面。能不能在不喂食的情况下，让鱼也游到水面上来？

◎ 学习目标

通过活动，了解鱼的经典条件反射。

◎ 材料准备

多个鱼缸、不同品种的鱼、摄像机。

◎ 注意事项

鱼缸尺寸要一样，鱼缸内的布景要一样，鱼缸内鱼的数量要一样。

◎ 活动过程

1．阅读巴甫洛夫（Pavlov）的经典条件反射理论，了解动物行为形成的条件和原理。

2. 在实验过程中考虑以下问题。

（1）你需要多少个鱼样本？

（2）为了观察哪种鱼学得更快，共需要多少个鱼缸？

（3）喂鱼的食物是什么？

（4）采用的中性刺激是什么？

（5）怎样才能确保中性刺激与其他无关刺激完全没有关联？（如喂鱼前，在鱼缸上发出光线，怎样才能确认鱼注意的是光线而不是你？）

3. 设计一个能自动喂鱼的电路装置，设计另一个能控制中性刺激的电路装置。

4. 比较不同品种的鱼的学习行为，同时展开对照实验，以避免无关变量的干扰。

5. 安装一个摄像机，这样可以不必亲自观察整个实验过程，同时也尽量避免了无关变量的干扰。

6. 每天要喂鱼多少次？

5 天　文①

绘制月球地图

◎学习目标

通过设计活动，了解月球的地形地貌和人类登月的知识。

---

① 胡庆芳，杨翠蓉，季磊，等. 美国学生课外作业集锦 [M]. 北京：教育科学出版社，2008：220–221.

◎材料准备

摄像望远镜、尺子、格子图。

◎活动过程

1. 思考绘制月球地图的方法和途径。

（1）从何处获得关于月球地表特征的资料？

（2）怎样在地图上再现这些特征？

（3）月球上有多少种不同的地表特征？它们是怎样形成的？

（4）月球地图的尺寸多大？

2. 调查研究人类登月的地点及相关要点，把这些信息标注在地图上。

（1）有多少人通过载人航天器登月？

（2）他们在何处登月？登月后获得了什么资料？

（3）阿波罗登月行动中的宇航员叫什么名字？

3. 绘制月球地图前，请先解决以下问题。

（1）你准备绘制 2D 地图还是 3D 地图？

（2）你会运用计算机技术绘制一个互动地图吗？

（3）你要用不同颜色吗？

（4）是否要精确地描绘格子？

（5）怎样在地图上绘制月球地表特征？

4. 观察月球。用摄像望远镜拍下一张满月的照片，运用适当的绘画技术在月球地图上添加照片上可看到的信息。拍摄一系列上弦月与下弦月的照片，注意要拍下月球表面的明暗界线和坑坑洼洼的地表特征。

在月球地图上绘制出这些特征。

6 体　育①

计算滑板斜坡的最佳斜度

滑板爱好者大多利用斜坡来创造滑板花样。不同的斜坡用于创造不同的滑板花样。通常滑板在空中逗留的时间越长越好，滑板爱好者要利用多少度的斜坡才能做到这一点呢？

◎学习目标

通过模拟活动，了解斜度、力、斜坡材料对滑板在空中停留时间的影响。

◎活动过程

1. 设计一个斜坡模型。主要思考以下问题。

（1）用什么材料搭建模型？（建议用积木。）

（2）是否应在模型的上部添加重物以模拟滑板爱好者？

2. 思考怎样使滑板冲到斜坡上。

（1）如何使滑板冲到斜坡上，是让它从高处滑下来？或是用手推上去？

（2）不管运用哪种方法，如何保证每一次的动力大小是一样的？

3. 思考关于时间的问题。

（1）采用什么方式来记录“开始的时间”？

（2）在哪一刻开启定时装置？

4. 记录每一次滑板在空中停留的时间，并记录斜坡的角度。

5. 用曲线图来呈现记录的数据结果，是否能根据曲线图找到规律？是否

① 胡庆芳，杨翠蓉，季磊，等 . 美国学生课外作业集锦 [M]. 北京：教育科学出版社，2008：221–222.

能发现滑板在空中停留时间最长的斜坡角度?

◎深入思考

当找到斜坡最佳角度时，变换其他变量进行实验，如:

1. 如果改变作用于滑板上的力的大小，会带来什么结果?
2. 如果改变作用于滑板上的力的位置，会带来什么结果?
3. 如果改变斜坡表面的材料（如清漆等涂料），会带来什么结果?

第四部分
社会研究作业

社会研究作为综合文科的重要课程，汲取了人类学、经济学、政治学、地理学、历史学等各门学科的知识，同时从人文科学和自然科学中选取适当内容，进行协调整合。因此，与此相对应的学生课外作业也势必覆盖并综合了上述学科和内容，主要目的在于帮助学生学会资料的收集、整理和分析，提高学生解决问题的能力。

小学　在社会大家庭中体验生活

小学阶段，要通过课内课程学习和课外作业经历帮助学生形成他们对自己、对他人、对社会丰富的认识与理解。这一阶段的社会研究作业符合学生好动、好奇、好胜、形象思维活跃的特点，积极调动学生的眼、鼻、口、耳、脑各器官进行体验式学习，让学生通过实践活动将知识转化为操作体验和能力，在自然环境和社会实践中巩固课本知识，发展观察能力、语言能力、动手能力等，并强调学生在实践中对知识的愉悦体验。

模拟入股①

◎适用年级

5 年级及以上

◎课程描述

通过模拟入股活动，更好地理解股票、股东、股利和资本的概念。

◎学习目标

1. 通过各种媒体学习炒股，并写下能反映自己的理解和经验的笔记、评论与观察结果。

① 据 http://www.beaconlearningcenter.com/Lessons/Lesson.asp?ID=344 编译。

2. 了解货币增值的不同方式，如储蓄，或购买股票、债券、房地产及其他有价值的商品。

◎课前准备

1. 写有股票、股利、股东和资本定义的图表文件。
2. 桌子、水壶、大勺子、纸杯。
3. 校长对摆摊卖柠檬水的许可。

◎活动过程

第一天

1. 场景设计。

> 我（教师）想在操场上开一个柠檬水摊。作为老师，我是教室里唯一被校长允许摆摊卖柠檬水的人，但我只有一张桌子、一个水壶、一个大勺子和一些纸杯。水是免费的，但我没有冰、柠檬和糖。我相信摆摊卖柠檬水会大获成功并能赚很多钱，但我没有足够的启动资金。

2. 在老师的指导下，学生了解资本的定义并进行讨论。

3. 思考如何解决上述情境问题，如借钱给老师买糖、柠檬和冰，或者贡献实物来换取一部分利润（股利）。解释、讨论并给出“股利”的定义。

4. 当人们将金钱或资源投入一家公司时，作为回报，他们可构成持股并分享利润，微软就是这样起步的。思考：如果公司第一年没有赚到钱，他们的投资会怎么样？一家公司有时能够产生利润，有时则不能，因此投资者必须意识到风险的存在。

5. 想要加入柠檬水摊，可以通过贡献柠檬、冰或糖的方式实物入股，如一个柠檬可以是一股、50 克糖可以是一股。明确人们是根据自己提供的资源来获得利润的。解释、讨论并给出“股东”的定义。可以邀请其他班级购买柠檬水，以增加利润。

第二天

1．出售柠檬水。所有的学生都要参与，而不仅仅是股东。摆摊期间，必须以对自己和资本负责的态度来进行售卖活动。

2．在老师的指导下，学生将利润（股利）剥离，明确自己的投资回报，比较投入成本和利润。

3．利用这些赚来的钱，集资为班级买些东西。

◎作业内容

1．登录教师提供的网站，学习股票市场的相关知识。

2．基于本次模拟入股活动，写一份对股票、股东、资本和股利概念的理解说明。

户外探究作业①

◎作业背景

法国小学的户外课堂活动，是市政府教育经费支出的项目之一。学校每学年可有一次机会使用这笔资金。活动时间可长可短，最长为两周。由学校各班级的教师自行组织并设计活动的形式、内容和地点。通常会有两三个班的教师一起组织。市政府会派出二至三名实习的大学生协助整个活动。如果有教师觉得麻烦，或有三分之一的家长反对，班级就会放弃计划。关于资金方面的事务均由市政府统筹负责。市政府出一部分资金，车船费、膳食费由家长支付。由于各个学生家庭的收入不同，支付的份额也不同。家庭经济有困难的，甚至可以免费参加。如果资金最后仍有不足，或有极个别家长不愿交这些费用，老师就会组织全班学生做手工艺品或发动家长捐赠一些艺术装饰品或手工艺品，然后举行义卖，

① 简小屏，梁彤秀．法国中小学生研究性学习作业实例评介 [M]. 广州：广东人民出版社，2001：69–70.

用所得资金补充户外课堂活动所需的经费，使班上所有学生都有机会参加活动。

◎教师支持

教师设计10个问题，提供给学生作为调查研究的依据。

1. 公园的地点。

2. 电影艺术的含义。

3. 电影是谁发明的？是什么年代发明的？

4. 查找“注视”这个词的同义词。

5. 说出以“scope”（镜）结尾的单词的共同意思。

6. 为什么有的电影叫“360度环幕电影”？

7. 在1秒钟内需要播放多少个图像才能使电影里的动作连贯？1分钟呢？1小时呢？

8. 让·雅克·阿诺（Jean Jacques Annaud）是一名导演，他有哪些职责？

9. 电影有不同的类型，了解电影的类型。

10. 为什么“立体”电影被称为“三维电影”？

◎作业内容

1. 在你看过的电影中，哪几部是你最喜欢的？为什么？

2. 参观公园前，通过书籍、杂志或互联网收集各种相关的资料，然后整理成册。

3. 参观后回答教师提出的问题。

◎作业点评

法国小学一般实行教师“包班”制，即每班由一个班主任老师负责主要课程（表演艺术、体育、外语除外）。班主任多才多艺，素质全面。户外课堂活动由班主任自己负责策划。每一次户外课堂活动都是认真准备、精心安排的一项学习活动。教师在参观前给学生布置的作业提纲，虽是简单的10个问题，但安排得精简巧妙，同时给学生设置了参观前和参观后需要思考的问题。它们综合了学科问题（语文、数学、常识等）、事实性问题和延展性问题，是小学生学习研究探讨方法的很好示例。提出问题—带着问题—研究问题，参观活动不只是一项文体娱乐活动，更是学生观察—体验—思考的积极学习过程。

购买力①

◎活动背景

当学生掌握了影响消费的财务和非财务因素的基本知识、成为知情的消费者后，他们会按照自己的愿望和需求，对资金进行合理的分配。

◎学习目标

了解哪些财务和非财务因素（如文化传统、利润和风险）会影响消费者、生产者、工人、储蓄者和投资者去按不同方式进行资金分配。

◎材料准备

活动日志、经济方面的杂志、铅笔、钢笔、形成性评估表。

◎准备工作

1. 收集活动所需的经济类杂志。
2. 确保每个学生都有一本活动日志。
3. 作为团体活动的后续活动，印刷所需材料。
4. 为形成性评价创建数据表。

◎活动过程

1. 思考：如果你继承了100万美元的遗产，你会花多少钱，为什么？

2. 复习什么是经济活动，什么是消费者支出，讨论生产、供应、需求、收入、支出、趋势、风格、技术和创新等影响消费支出的关键因素。

---

① 据 http://www.beaconlearningcenter.com/Lessons/Lesson.asp?ID=2679 编译。

3. 组成不超过 4 人的小组，每组选出一名代表，代表小组发言。

4. 小组成员研究老师下发的杂志中的文章（图片），选择反映消费者支出的文章（图片），解释为什么这样选择。

5. 小组代表解释文章（图片）是如何反映消费者支出的，影响消费的因素是什么。例如，为撰写学期论文与报告而购买电脑的大学生和用掌上电子记事本管理家庭、儿童、社区与工作日程的女性，消费有什么不同？

6. 在日志里回答每个问题，展示在什么情况下自己会因为购买力发生变化而花费那 100 万美元的遗产。

◎作业内容

完成日志。后续进行课堂讨论，对同学的各种分配方案和花费选择进行评价。

◎附录

购买力工作表

下面是一系列你需要遵从的步骤，每个步骤包括让你如何花费遗产的指令。仔细阅读下列场景，编写你的愿望与需求表，并列出相应的费用。记住：需求不可或缺，愿望则可以商榷。祝开心！

· **场景一**　假设你刚从一个远房亲戚那里继承了 100 万美元的遗产，并可以按自己的意愿随心所欲地花钱。下面是你的个人愿望与需求表。识别愿望与需求，从表中选择一个组合，让你在花光资金时能够得到最大的满足。

· **场景二**　假设你花钱时有些匆忙，考虑不够周到。现在有一笔 25 万美元的钱花在远方亲戚的房产上了。按照你的遗产提醒，假设有同样的愿望与需求项目可供选择，你将如何进行资金配置直到花完最后一分钱？

· **场景三**　假设你的远房亲戚对你接受遗产进行了一个约定，这笔钱被存在一个特别的账户里，让你额外赚了 30 万美元的利息。现在你准备如何花钱？

了解殖民地时期①

◎学习目标

了解殖民地时期关于贸易、生活等方面的知识。

◎活动过程

活动1 殖民地时期的贸易和生活

姓名：____________ 日期：____________

将下列职业者和相应的描述联系起来。注意：可能会有互相不匹配的情况。

1. 药师（Apothecary）
2. 铁匠（Blacksmith）
3. 创始人（Founder）
4. 马具制造商（Harness Maker）
5. 女帽制造商及贩卖商（Milliner）
6. 印刷商/装订商（Printer/Bookbinder）
7. 鞋匠（Shoemaker）
8. 银器匠（Silversmith）
9. 假发商（Wigmaker）

a. 印刷、装订（printed and binded）

b. 制鞋（made shoes）

c. 制作假发（made wigs and queues）

d. 将金属液倒入模具中制作勺子（poured metal into molds to make spoons）

e. 制作挽具和马鞍（made harnesses and saddles）

f. 制作工具和锁（made tools and locks）

g. 制作连衣裙、袜子和衬衫（made dresses, stockings, shirts）

h. 研制药物（created medicines）

i. 制作银器、纽扣和鞋扣（made silverware, buttons, shoe buckles）

---

① 据 http://teachersnetwork.org/adaptors/taylsacr/colonial.htm 编译。

活动 2　殖民地时期的房屋设计

姓名：____________　日期：____________

登录教师提供的网站，点击网页上的“家庭室内设计”按钮，你将帮助伊丽莎白进行室内设计。首先要考虑她的家中可能会有哪些东西，列出三样你认为可能看到的东西。

（1）____________

（2）____________

（3）____________

1．点击你认为属于殖民地时期的物品，用鼠标拖进屋内。当你认为已经完成伊丽莎白的房子设计时，点击“完成”，伊丽莎白会告诉你设计是否正确。如果你选择了不属于这一时期的物品，你必须重新设计。

2．运用维恩图，将殖民地时期的房子和现代的房子进行比较，用从《殖民地社会研究周刊》中学到的知识对殖民地时期的房子进行探究。

◎维恩图

维恩图的比较和对比功能非常强大。将“不同之处”放在外圈，将“相同之处”放在重叠区，来进行两个事物的对比和比较。

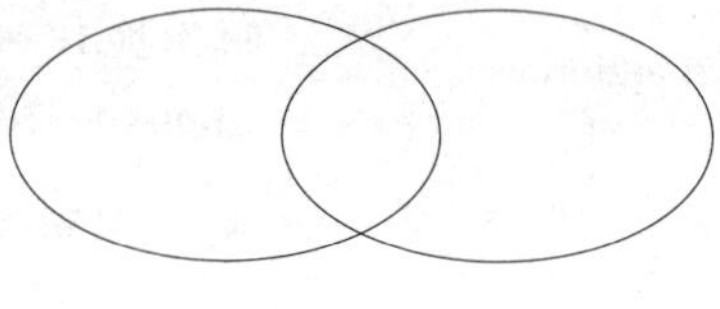

殖民地时期的房子和现代房子的比较

活动 3　殖民地时期的贸易和物品

姓名：____________　日期：____________

登录教师提供的网站，写下你被指定研究的贸易：____________。

点击表示该贸易的按钮，回答下列问题：

1．贸易的目的是什么？

2．你制造或销售什么产品？

3．为什么你的产品在殖民地时期很重要？

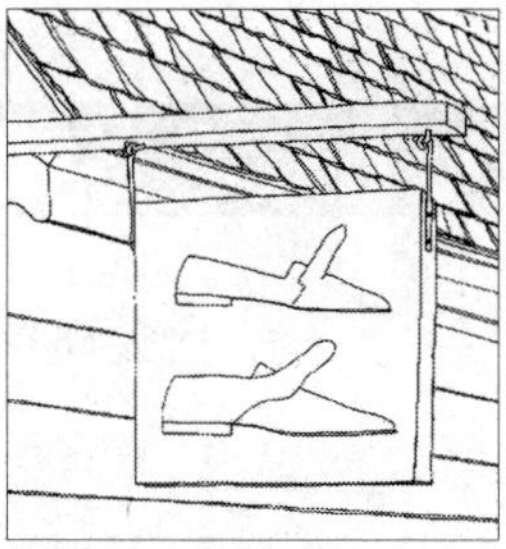

在殖民地时期，很多人不会阅读，因此，对于商人来说，利用一个大的图片，画出他们的贸易内容、价格或产品来进行推销非常重要。如右图。

请你利用图画设计一个广告牌。

活动 4　许多国家来了

姓名：＿＿＿＿＿＿＿＿＿＿　日期：＿＿＿＿＿＿＿＿＿＿

（当你在写答案的过程中需要停下来时，点击暂停按钮。）

1．写出殖民者来到新大陆的两个原因。

2．下列哪些不是定居者？圈出不属于定居者的两个。

荷兰人　葡萄牙人　法国人　英国人　俄国人

3．荷兰政府为什么要成立荷兰西印度公司？

4．谁控制了新大陆？

5．来自哪些不同教派的人可以在新大陆买地？

6．新大陆的主要殖民地和港口的名字叫什么？

7．在新瑞典发生了什么事？

初中　在社会问题中探究实践

社会研究课程的学习将继续帮助初中生进一步认识社会变迁，使其直面现实社会的复杂，主动思考如何面对社会的发展。初中阶段社会研究的课外作业以课堂教学内容为基础，以日常实际问题为载体，主要采取学习小组合作形式，通过观察、考察、尝试等活动，对问题进行探索与研究，以培养学生发现问题、解决问题的能力，加强社会认知，提高社会参与意识，促进个体社会化进程。作业更加贴近学生生活和社会实践，注重加强对思维的发散性训练，鼓励思维的独创性和批判性。

1　经　济

了解信用卡[①]

◎适用年级

6～8年级

① 据 http://www.beaconlearningcenter.com/Lessons/Lesson.asp?ID=4496 编译。

◎学习目标

了解信贷的利弊，避免落入金融陷阱。

◎课前准备

1. 复习关于信贷的资料。

2. 收集电子商品目录。

3. 为每个学生准备两份模拟信用卡报表。报表上已经填好了出账单日、购物日期和还款日期（为力求真实，请使用近期时间）。

4. 准备两套不同颜色的卡片，分别写上信用卡的术语及其定义。

◎活动过程

1. 向每个学生分发电子产品目录，让他们选择最喜欢的电子设备并剪下带有产品描述和价格（不超过 500 美元）的图片，使用信用卡进行模拟付款。完成活动后，至少识别并解释信用卡的三个优点和三个缺点。

2. 分发第一份模拟信用卡账单，上面已经填好下列条目。

（1）出账单日。

（2）购物日期。

（3）还款日期（自出账单日后 30 天）。

3. 学生复习账单上的术语后签名，并在账单上填入下列内容。

（1）对所购物品的描述。

（2）购物花费的钱。

（3）商店名。

4. 查看表格上的下列条款。

（1）每月卡费（无信用记录者或信用记录不良者的常见卡费为 6 美元）。

（2）年利率（无信用记录者或信用记录不良者的常见年利率为 18%）。

（3）应付额（卡费 + 购物花费）。

（4）最低还款额（让学生计算最低还款额：应付额 ×3%）。

（5）信用卡收费（第一份账单为 0 美元）。

（6）逾期和超限额费（第一份账单为 0 美元）。

（7）应付总额（输入最低支付金额，即：最低还款额 + 卡费取最低值 +

年利率取最低值)。

再次定义信用卡的各种术语。教师将写有术语和定义的不同颜色的卡片打乱，让学生重新配对。

5. 告诉学生，由于他们上月只支付了最低还款额，剩余欠款将转结进入第二个月的账单。分发第二份模拟信用卡账单，包括下列条目。

(1)结转余额(第一个月欠款额 – 第一个月已经支付的数额)。

(2)手续费(18% 的年利率 × 欠款额度的 30/365)。

(3)新欠款额(结转余额 + 6 美元卡费 + 银行收费)。

(4)第二个月的最低还款额(第二个月的欠款额 ×3%)。

让学生估计，如果只支付最低还款额，他们需要多长时间才能还清信用卡债务。

6. 假设年利率为 18%，信用卡年费为 72 美元，让学生估计他们最终将为所购物品支付多少费用。告诉学生如果不能准时还款，信用卡公司通常会收取每月 25 美元的滞纳金；如果当月欠款超过信用限额，银行还会加收 25 美元的超限费用。让学生在购物成本中添加两笔逾期还款导致的滞纳金和一笔超限费用。

7. 让学生讨论以下陈述是信用卡的优点还是缺点。

(1)当购物者的现金不够时，可用信用卡支付购物费用。

(2)信用卡允许购物者先偿还一部分费用。

(3)使用信用卡时，购物者须支付的费用较物品的实际价格会大幅度增加。

学生很可能认为前两者是优点，最后一个是缺点。教师应向学生解释：这三条都是信用卡的缺点。第一条允许消费者购买自己买不起的商品，第二条让偿还债务的时间可能长达数月甚至数年，第三条增加购物者的实际支出。

8. 让学生了解并讨论信用卡的优点。

(1)信用卡为顾客提供特定的消费者保护。

(2)信用卡便于网上购物和电话购物。

(3)信用卡常常可作为身份证明。

(4)负责任地使用信用卡，可建立持卡者的信用记录，有助于在其他贷款上获得更低的利率。

◎作业内容

1. 与家庭成员讨论使用信用卡的利与弊。

2. 访问老师提供的专供学生学习的金融模拟网站，完成上面的金融活动，识别并解释至少三种信贷方式的优缺点。

跷跷板上的经济①

◎适用年级

6～8年级

◎课程描述

通过与游乐场上的跷跷板相对比，让学生对经济的基本术语进行定义，并在跷跷板示意图上标注货物和工资的类型。

◎学习目标

了解哪些金融和非金融因素（如文化传统、利润、风险）会激励消费者、生产者、工人、储蓄者、投资者等去进行不同的稀缺资源分配。

◎材料准备

经济术语清单、跷跷板示意图、自制简易跷跷板、砾石盒、能把盒子固定在跷跷板上的双面胶或透明胶。

◎课前准备

1. 制作一个50～75厘米的简易跷跷板。

2. 收集6个盒子、250毫升的牛奶纸盒、1升的塑料杯或瓶子。

3. 收集“消费者需求”图片，如房屋、汽车、手表、衣服等。

---

① 据 http://www.beaconlearningcenter.com/Lessons/Lesson.asp?ID=1368 编译。

4. 收集“政府需求”图片，如政府大楼、坦克、海军舰艇等。

5. 收集“私人需求”照片，如工厂、机器、电视台等。

6. 给盒子贴上适当的标签。

◎活动过程

1. 问题导入。

（1）玩跷跷板时，如果坐在两旁的人体重相同，会发生什么情况？（跷跷板处于平衡状态，两人依次上下移动。）

（2）如果坐在跷跷板两边的人体重相同且都超过 90 千克，会发生什么情况？（重量相等，所以跷跷板仍处于平衡状态。）

（3）当左边的人重 90 千克、右边的人重 50 千克时，会发生什么情况？（重量不相等，跷跷板失衡了。）

2. 讨论经济术语。

小组讨论以下经济术语：日用消费品、私有财产、生产要素。

教师纠正学生误解的定义，完善不完整的定义，如从经济角度来说，“需求”是你可能想要的商品或产品，如手表、新车或名牌服装等。这样的讨论与纠正有助于学生理解这些术语在经济学中的含义。

3. 确定经济术语。

（1）老师分发印在经济术语反面的跷跷板示意图，并将手工制作的跷跷板放在可见的位置。

（2）讨论以下问题。

① 什么是“消费者需求”？举例：新房子、新车等。

② 什么是“私人需求”“生产要素”？举例：机器、工厂等。

③ 什么是“政府需求”？举例：办公室、坦克、轮船等。

（3）把贴着代表某一种需求图片的石头放入一个盒子，为 3 个盒子贴上标签，分别为：消费品、私人货物、政府需求。把代表生产或制造该需求的成本（工资）的石头放入另一个相应的盒子并标记。

（4）6 个盒子里代表货物的石块重量与代表成本（工资）的石块重量相等，这就说明货物与工资对等。将所有 6 个盒子放在跷跷板上，在供应方放置货物，在需求方放置成本（工资）。这时候跷跷板是平衡的。

（5）情况发生了改变。因为无法供应政府物品，请移除该盒。由于大多数私人物品也无法供应，请移除该盒子里的一半内容。不过，这些货物已经生产和支付了，所以成本（工资）保持不变。

4. 讨论经济问题。

现在，跷跷板变得不平衡，思考如何让它重新平衡。如增税可减少货币供应，增加进口货物将让市场供应更充足。如果长期不能让跷跷板恢复平衡，价格就会上涨，导致通货膨胀。如果市场萎缩，生产和销售的商品太少，工资箱的重量也会减少，就会导致经济萧条、衰退（一般经济衰退是指邻居失业，而萧条是指自己失业）。

◎作业内容

提高价格、增加供应和调整税收，能让跷跷板恢复平衡吗？书面解释更多的货币 / 货物以及税收是如何影响货币供应的。

咖啡连接世界

——探索全球咖啡贸易 ①

◎活动过程

1. 分组领取任务，为组织一次“全球咖啡展示会”做准备，每组选择一个与国家咖啡贸易有关的具体话题进行研究，在此基础上设计、筹备一系列展品。

2. 模拟举办“全球咖啡展示会”，邀请父母、学校和社区的人员前来参加。

◎拓展活动

1. 国际组织为许多农产品如茶叶、可可豆、糖、香蕉、蜂蜜、果汁以及花卉等建立了公平贸易条例，对这些条例进行研究。基于你的研究，给当地报社编辑部写一封信，以受这些条例影响的公司的视角阐述对这些条例的赞

① 据 http://www.nytimes.com 的作业样例编译。

成或反对意见。

2. 研究你最喜欢的食物的产生过程，展示它的主要成分以及生长过程。

3. 为星巴克公司写一篇简要的公司介绍和一篇回顾性文章，阐述该公司是如何改变美国人喝咖啡的习惯的。它在一杯咖啡的定价上起到了什么作用？其产品的哪些方面吸引了消费者？你认为该公司的成功来源于什么？

2 社　会

幽默很重要①

◎活动过程

1. 观看一部动画片作为课外作业，如《辛普森一家》《狂人图恩》《变身国王》《家庭主妇》等。

2. 写一篇文章，从幽默价值的角度对选取的动画片进行批判性分析，并阐释这部动画片的观点、思想及教育意义等。

◎拓展活动

1. 使用一个计算机程序，根据你在课上画的情节串联图片设计一部动画片。

2. 研究动画的历史，制作一个反映动画技术变化的事件表。

3. 制作一张海报来督促人们勤洗手。海报应包括一幅幽默的图片和诙谐的双关语。

---

① 据 http://www.nytimes.com 的作业样例编译。

居有定所①

◎活动过程

1．改变对棚户区概况的描写格式，转换成适合21世纪贫民窟网站的内容。每组利用网上信息和课内阅读的两篇英国广播公司的文章，草拟一份简要的网站介绍。学生投票决定哪篇介绍最终用于这一网站。

2．以生活在棚户区难民的身份写一篇反思性文章，内容包括：

（1）你想让世界了解你的社区和日常生活的哪些方面？

（2）你想要看到你的社区发生什么样的变化？

（3）你认为政府和个人应承担哪些责任来使这些变化得以实现？

◎拓展活动

1．作为一个班级项目，利用文章中所描述的物品搭建一个可移动的单人住处。尽量使它的结构能最大限度地应对不断变化的天气和环境。用照相机或录像机对这一住处进行几天、几周或几个月的连续记录，总结人住在其中可能会遇到什么问题。

2．联合国的千年发展目标是什么？实现这些目标的预定日期是什么时候？目标中提到应如何解决贫民窟居民的生活问题？

3．"Umoja"是斯瓦希里语中的一个单词，意思是联合。哪里的人们讲斯瓦希里语？这是一种什么语言？（即它属于什么语系，与什么语言有联系。）一个人可能需要掌握哪些基本的词句才能使用斯瓦希里语进行沟通？将斯瓦希里语介绍给你的同学。

4．美国政府在消除贫困方面大概花费了多少钱？制作饼状图，并同美国政府的其他一些支出如教育和国防支出进行比较。

① 据 http://www.nytimes.com 的作业样例编译。

3 天文地理

巴西之旅①

◎作业内容

1. 通过分组合作，了解巴西的生活，制作巴西旅游指南手册。

2. 创建一个三维的巴西地图，标明不同地区的气候条件，并运用关键词（温度、湿度等）来描述这些气候特征。

3. 阅读一位巴西作家的文学作品，听一段巴西的音乐。邀请来自巴西的同学或长辈一起来讨论巴西的生活风貌。

◎拓展活动

基于课上的研究，将巴西政府和美国政府进行对比，可以利用维恩图进行说明。

1. 学生在教师提供的网站进行关于雨林的一个名为“亚马孙探险家”的互动游戏。在网上找到关于课文中图片的说明资料，并回答以下问题：巴西的石油消耗与产出相当吗？1980—2000年，石油的消耗发生了怎样的改变？

2. 小组成员分工创作一个关于巴西历史的剧本，并在班级中进行表演。

3. 绘制一张三维的巴西地形图，包括河流、湖泊、山脉、高原和雨林等。

① 据 http://www.worldrover.com/vital/brazil.html 编译。

你了解天气吗？①

◎ 作业内容

1．探究天气预报的重要性。

2．每组准备一个 5 分钟的天气预报，其中应包括导言、预报内容等。

3．创建一个柱形图，表明不同天气的相似点和不同点，包括在什么地点和怎样的气候环境中，哪一种天气经常发生，通常持续多久，对地面和人的生活有哪些影响。

◎ 拓展活动

1．对最近发生的一个自然灾害（洪水、飓风、火灾、龙卷风等）展开调查研究。根据找到的信息，创建一个小册子来描述天气条件的影响力，并阐释一旦发生这种情况该怎么做。注意：注明资料来源。

2．为最近十天当地电视台报道的天气预报制作图表，分别标明预报的天气情况和实际的天气情况。分析天气预报预测的准确性，并基于预测的准确性和信息的有效性写一份评价报告。

3．对你所在地区发生的历史上最糟糕的天气现象进行研究。撰写一份符合当时情境的天气预报，要考虑当时的预测技术和人们的生活水平等。

4．对近来人们关注的“温室效应”“臭氧层破坏”“全球变暖”等环境问题进行研究。创建一个柱形图表明它们是怎样发生、如何表现以及如何影响气候的。

① 据 http://www.nytimes.com 的作业样例编译。

高中　为社会和谐美好做准备

高中生对周围的世界有了更丰富、多元的认知，社会对他们也有更多的使命与责任期待。社会研究的课外作业强调语言陈述和理性分析，要求学生通过收集资料、调查问询形成结论与看法；学会综合利用各领域的知识，培养全面思考问题的能力、善学好学的品质、批判性思考的习惯和在问题解决过程中乐此不疲的情志；培养在实际生活中迁移运用的能力，把今天的学习和明天的工作密切联系起来，为今后的独立生活做准备。

1 经济和社会

财政安全
——对社会保障的探究[①]

◎作业内容

采访两个成年人（其中一个至少要接近或达到退休年龄），请他们谈谈对

① 据 http://www.nytimes.com 的作业样例编译。

社会保障的看法，据此写一篇文章。

◎拓展活动

1．做一张关于美国税收体系如何发挥作用的海报，包括零售税、收入所得税和联邦税收的信息等。

2．就美国政府的作用组织一次辩论会，写两份公开陈述。辩论主题：美国政府对老人和残疾人及其家属的生活福利在经济上是否负有保障责任。

3．就一个普通美国人的一生创建一个时间表，标明在其一生的各个阶段中，他从政府那里获得的福利以及获得该福利的时间。

4．比较布什总统连续几年的国家情况汇报。2005 年，他关注的重心发生了什么变化？在报告中，他发誓要解决的问题解决了吗？引述、分析报告中的内容，写一篇 5 ～ 10 页的文章。

5．选择布什总统在国家情况汇报中提出的某个问题进行分析，据此写一篇文章，阐述在未来 4 年内，在这一问题上你希望看到怎样的进展。

货币使全球经济运转①

◎作业内容

选择一个国家，研究这个国家的经济和货币情况，并在下节课之前准备好下列资料：国家名称；货币名称；与美元以及其他两种流通货币的比较，如英镑、欧元、日元或人民币；出口货物排行榜；进口货物排行榜；国民生产总值；国内生产总值；货币逆差或顺差；近期影响国家经济的国内或国外事件。

◎拓展活动

1．研究美元、日元、人民币、英镑以及其他几种货币的币值。制作图表，分别标明 25 年前、15 年前、10 年前以及 5 年前的币值。以口头陈述的形式展示你的研究发现，并对每一种货币的币值随时间而增长或降低的变化

① 据 http://www.nytimes.com 的作业样例编译。

情况进行解释。

2. 制作一个中国25年来的经济发展时间表。中国经济发展的鼎盛期和低谷期分别是在什么时候？中国最重要的出口品和进口品是什么？

3. 为国家设计一张新的纸币，考虑用什么图像、颜色、标志或文字。举办一个展示会，呈现全班同学设计的作品。

援助之手

——帮助那些需要帮助的人[①]

◎作业内容

1. 准备一份演讲稿，以演示文稿或其他方式来说服一个慈善家向大家在课上研究的慈善机构捐助5 000美元。要求精确、诚实，并运用个案研究、故事、历史性数据、图表和照片等具有说服力的材料。在准备演讲稿时应该考虑下列问题。

（1）你将如何分配这些捐助的资金以便更好地为贫困者服务？

（2）这5 000美元将用于哪些具体的项目和活动？

（3）你将如何在各个项目间或某一项目内进行一年度的资金分配？

（4）为什么这笔资金对于这个组织是很重要的？

（5）这一慈善组织的成员将如何受益于这一资助？

2. 在课上进行演讲，其他学生提出反馈意见。明确什么是最有说服力的，自己是被演讲内容中的经济资讯、个人故事、慈善组织的成功，还是其他因素所折服。分析每一个慈善机构的需要，最后投票表决出应该获得这5 000美元捐助的慈善机构。

◎拓展活动

1. 在社区的一个非营利性组织或慈善机构当志愿者，并对你的经历进行日志记录。可以将这一经历记入你的大学申请或简历中。

---

① 据 http://www.nytimes.com 的作业样例编译。

2．邀请一些慈善机构的代表到学校参加宣传活动，请他们提供一些关于年轻人如何伸出援助之手的建议。基于这些建议，创建一个提供支持并鼓励人们成为志愿者的服务俱乐部。该俱乐部成员间断或不间断地承担起一些职责，如提供衣服和食物，读书给盲人听，在快餐店里当志愿者等。可以将这一经历记入你的大学申请或简历中。

3．在学校设立一个学生—教师—家长建议栏，为因特定需要而筹集必要的资金出谋划策。参考一些成功的非营利的筹资方法，提出并实施一些创新性的方法进行集资。公开展示你的方法和集资进展，如发表在校报上。

选择一个慈善机构进行调查研究。将你的研究结论以图表的形式展现出来。研究结论应包括下列问题。

（1）机构每年的预算是多少？

（2）机构从哪些渠道获得收入？（筹款活动、政府拨款、组织捐助、私人赞助等）

（3）这些钱是如何造福民众的？

（4）这些项目或服务的平均成本是多少？

（5）机构中有多少比例的钱被用于项目宣传、管理和其他费用？

（6）最近 10 年，机构的收入和开销有什么变化？

生命的代价

——解析给“9·11”事件受害者的经济补偿①

◎作业内容

1．写一篇反思性文章，分析“9·11”事件受害者补偿基金会的某特殊官员的评论：这个项目的成功归功于每个家庭自己，他们在“9·11”这一灾难面前显示出巨大的勇气和决心，我相信基金会组织的精神是美国精神的印证，也是美国人民的福祉。

你认为该基金会的这个项目成功吗？为什么？美国家庭是如何显示出他

① 据 http://www.nytimes.com 的作业样例编译。

们的勇气和决心的？基金会是如何显示出美国人民的品质的？关于该基金会的评论文章，可以在美国司法部网站上浏览。

2. 在课堂上与同学交流自己的反思性文章。

◎课外拓展

1. 假设你是要给遇难者家庭补偿的财政预算人员。选择该基金会的一个为遇难者家庭提供补偿的实际例子，了解遇难者家庭会得到什么样的经济补偿，他们应该进行怎样的投资？以是否有孩子而变化的投资策略会带来什么影响？设计一个小册子，为接受赔偿者的家庭投资、开支计划等提供建议。

2. 准备一份演讲稿，阐释人身保险的作用。说明以下问题：谁是最大的投保人？任何人都能获得人身保险吗？人身保险的申请和赔偿程序是怎样的？解释并评价人身保险是有价值的投资。

3. 制作图表，对“9·11”事件的经济损失进行调查和估计，要将飞机、大楼和其他建筑物的损失，以及企业、工人所丧失的生产力和劳动力考虑在内。

4. 绘制一张有关政府财政预算的词汇表，如财政盈余、财政赤字、财政支出、财政税收、财政短缺、利率、通货膨胀、投资证券、股票等。

5. 设计一本新闻期刊，追踪与受害者赔偿基金会有关的新闻故事。思考：如果基金会被关闭，基金会不会流失？基金还可能会受到公众的监督吗？

洞穴画在讲述什么？①

◎适用年级

9～12 年级

◎活动描述

创作洞穴画，为未来文明留下关于现在的生活方式的信息。

① 据 http://www.beaconlearningcenter.com/Lessons/Lesson.asp?ID=2895 编译。

◎学习目标

了解在记录和解释历史的过程中，思想、信念、决策和偶然事件是如何体现在历史中的。

◎材料准备

美术作品、彩纸（每班 12 ～ 20 张）、马克笔（4 盒）、颜料（4 套）、蜡笔（10 盒）。

◎活动过程

1. 了解洞穴画的重要性：我们今天能够了解沙漠中部的繁荣文明，是因为当地的先民们留下了洞穴画。

2. 讨论：洞穴画让今天的我们看到了历史上什么样的人与文明？

3. 参照老师的样例示范，完成一幅洞穴画，以便千年后的科学家能发现或推断一些关于我们个人的情况，进而了解我们的社会。如喜欢某个乐队，可写出这个乐队的名称，并在它周围画上音乐符号。后人就会得知，有人愿意花时间把音乐写下来，说明音乐在我们的社会中起着重要的作用。

4. 在老师给予的充足的时间内进行创作，可小组合作，也可独立完成。

5. 作品分享并阐述。在完成洞穴画后，自愿分享作品，并阐述自己期待未来的科学家能从中了解到当今社会的哪些情况。

◎作业内容

基于自己的洞穴画作品，写一篇文章，主要内容应包括：千年之后，如果一位科学家发现了你的洞穴画，他会知道哪些方面的信息？他可能做出哪些错误判断？为什么？

给人以启示的中国

——探索中国飞速发展的原因和影响[1]

◎作业内容

1. 分别给自己课上收到的信回一封信，回信要显示出在社会某方面扮演重要角色的某个政党或组织的影响力。可以从以下一些立场提出观点：政府或机关官员、企业主管人员、工人权利提倡者、环保机构官员等。

2. 分享自己收到的带有问题的原信以及提出建议的回信，以此作为对中国发展进行讨论的一部分材料。

◎拓展活动

1. 调查研究在深圳特区成立的那一年世界上发生了什么事情。制作一张图表说明研究结果。

2. 调查研究中国是如何为举办 2008 北京奥运会这项重大活动做准备的。分析前两届奥运会对举办地产生的影响。准备一份简短的报告，说明并解释举办奥运会对于国民是否有利。

3. 调查一种在中国使用的语言，说明它与英语的区别，包括书写的形式、语法、发音等。准备一个包含可视性信息的口头陈述。

4. 编写一本定义世界各国中产阶级的参考书。选择并收集三个国家有关工作、薪水、政府参与、社会行动、教育等方面的信息。制作一个对比性图表，分析收集到的信息，就研究结果写一份简短的概述。

---

① 据 http://www.nytimes.com 的作业样例编译。

2 历史和地理

历史研究型课程作业①

英国 A Level 历史研究型课程作业是指学生在调查研究某个历史问题的基础上，完成一篇约 3 500 字的历史课题报告。报告要具有以下特征：在所学范围内选取一个有价值的研究课题，该课题的历史跨度至少要 100 年；以历史调查研究为基础，体现出一定的历史编纂意识；在课题研究中展现对长时段历史（至少跨度 100 年）的概括性理解能力；对整篇研究中所运用的史料的价值和作用做出评估，评估的字数约 500 字（包括简单罗列参考书目）；以流畅贯通的论文形式提交该项课题研究；保证有充足的时间来完成课程作业。

考察帆船的发展
——探索世界历史②

◎作业内容

1．写一篇关于水手、造船专家、航海家或其他与你在课上研究的船舶直接相关的人物的科幻小说，根据你的研究进行详细描述。

2．整理自己小组的研究发现，组织一次航海船舶展览会。

---

① 陈伊萍 . 新课程背景下历史研究型课程作业的有效指导和评价：英国 A Level 历史研究型课程作业的借鉴 [J]. 现代教学，2016（1AB）：155-157.

② 据 http://www.nytimes.com 的作业样例编译。

3. 在邀请家长和其他社区成员参加的活动中，身着各个时代的服装，装扮成自己在作业中设计的人物角色，作为展览会的向导引领大家进行参观。

◎拓展活动

1. 浏览教师提供的网站，探究网上提出的船舶的船体设计方案，思考：船体的形状对船在水中的航行方式有什么影响？设计一个你认为能实现某个特定目的、在特定水体中航行的船体。参考网上样例，画出船体草图。

2. 参考网站上关于小船的资料，根据一定的比例，画出一个模型。

3. 制作一个历史指导手册，改变人们对新大陆非洲奴隶的一些看法。建议：你可以先对一些普遍的观点、奴隶的真实情况等进行自由讨论，然后提出一些打破常规的问题，如奴隶曾上过大学吗，奴隶们有快乐吗……你可能会从复杂的历史中发现一些令人惊奇的事情。

玛雅的杰作
——探析古今艺术性标志的使用[①]

◎作业内容

1. 玛雅人居住在哪里？玛雅人的文明有多广泛？制作一幅展示玛雅文化的地图，包括玛雅文明上升和衰退的时间表。

2. 玛雅绘画产生的时候，世界上还存在其他的文明吗？选择并且研究其中一个文明，准备一份报告。报告至少应说明：这一文明包括哪些人、他们使用什么语言、信仰什么宗教、住在什么类型的社区等。

3. 制作拼贴图，说明集体讨论中的主题内容。可以使用任何可用的资源，包括杂志、报纸或网络等。

4. 写一篇简短的分析报告，解释自己选择的图像所表现或象征的意义，并在课堂上进行作品呈现及分析。

---

① 据 http://www.nytimes.com 的作业样例编译。

◎拓展活动

1. 艺术性标志如何提供关于外国文化的历史线索？识别并且分析来自一种古代文明的三件工艺品，并进一步分析哪一种符号可以用来表现这一古代文明的主题和重要思想。

2. 对一位来自地方博物馆或大学的考古学家进行访谈，为校报写一篇文章。访谈内容应包括以下问题。

（1）你为什么研究这些工艺品？

（2）人们能从你发现的工艺品上了解到什么？

（3）你如何解释这些具有象征意义的事物，这些解释是否正确？

（4）这些工艺品对当代人们的生活有什么重要意义？

如岩石一样坚硬
——对地层的深度分析[①]

◎作业内容

想象你进入地球的中心，请描述你在每层遇到的情景，写一个“地心旅程”的虚幻故事。建议：整合你在物质、温度、一致性以及其他科学方面的知识，进行创造性想象，如引入怪物、地下城市等，也可以写不同的人对各种温度和环境的反应等。

◎拓展活动

1. 使用课堂中的模型设计一个校内博物馆展览会，说明地层的重要意义。展览品包括模型、描述“地心旅程”这一虚幻故事的复印本。模型应包括相应的图表，以解释地层知识、注解使用的材料等。

2. 轮流充当馆长，为参观者解释展览品。

3. 全班分工制作一本针对地质学领域科学研究的指导手册，包括进行地

---

① 据 http://www.nytimes.com 的作业样例编译。

质研究项目的高校名单、各类地理物理学家和其他以地质学为基础的科学家的传记。当你了解到关于本学科的其他资料时，就将相关内容添加到指导手册中。

4. 创建一张有注解的地图，突出近年在哥斯达黎加雨林以及其他地区做的科学工作。详细阐述调查的重要性和研究结论。

海洋的困境
——探索海平面上升的影响[①]

◎作业内容

就全球气候变暖对沿海城市的影响写一份行动方案，提出个人和社会将怎样为接下来的十年做准备。使用图表、照片和地图等直观手段来说明方案中的信息，并在地图上标出沿海地区发生的变化。行动方案应涉及以下问题。

1. 你如何将所进行的实验模型理论运用到实际调查的地区中？

2. 由于水位升高而不得不移走的人们可能迁移到哪些城镇或郊区？

3. 在寻找新的家园或新的工作时，人们会面临怎样的挑战或机会？

4. 他们作为新的成员会被当地人接受并欢迎吗？

5. 人口的增长将如何在交通、家庭、社会资源、医疗服务等方面影响当地的发展？

◎拓展活动

1. 重新翻阅历史地图和世界地形图，为进一步的调查选择一个已经发生明显地形变化的地理区域。准备一个能反映变化的图释性报告，报告中要回答以下问题。

（1）这个地区的地形是何时、如何变化的？

（2）引起这一变化的原因是什么？

（3）地形变化对自然产生了什么后果？

---

① 据 http://www.nytimes.com 的作业样例编译。

（4）人类的活动造成了什么后果？

2. 就“什么造成了全球变暖”这一主题选取其中一个方面制作一张海报，如废气的排放、臭氧层的破坏、森林的砍伐等。在班级中展示这一海报，并在学校的某处进行张贴。

3. 观察水位的提高对在沿海地区生活的野生动物的影响。提出一个假设并进行验证，基于研究结果写一份分析报告。

4. 气候和天气的区别是什么？选择一个地区，收集并研究 50 年间与其气候有关的资料（温度、气压等）。然后收集同样的资料解释该地区最近一年的天气情况。最近的天气在哪些方面显示出这一地区的一贯特征和异常情况？基于你的研究发现，结合图表写一份报告。

5. 气候信息如何影响科学家预测天气情况？为什么人们需要预测天气？为什么这对于人们在某一地区的生存意义重大？现代科技采用了什么早期预警系统来保护处于恶劣天气威胁之中的人们？结合最近发生的极端天气情况，写一篇文章来回答这些问题。

惴惴不安
——审视全球贫困和自然灾害间的联系①

◎作业内容

选择一个国家，写一份关于该国自然灾害预防和反应的需求分析。分析应包括以下内容：该国已经采用了哪种预防设施？如果希望防止未来的灾难，哪一种措施是必要的？如何才能切实落实这一必要的预防措施？

◎拓展活动

1. 研究并且写一篇有关新奥尔良和卡特里娜飓风的报告。当时该城市的情况如何？在破坏性事件发生 6 个月后，居民的生活有什么变化？

2.“生活保障工资”指的是什么？研究美国的生活保障工资运动，将

① 据 http://www.nytimes.com 的作业样例编译。

"生活保障工资"与目前的"最低工资"进行比较。写一篇有说服力的文章，说明你支持还是反对在美国实行生活保障工资的措施。

3. 比较澳大利亚土著人和美国土著人的历史与文化。这些移民国家的建立是如何影响在这些土地上生活的人们的？在班级中陈述你的全球性研究。

3　政　治

深入伊拉克[①]

◎作业内容

1. 利用来自时报文章、班级讨论以及调查研究的观点写一篇对伊拉克战争进行最后陈述的反思性文章：我们似乎可以取得一个战略性的成果，但是越来越难以令人相信，美国对伊拉克政策会取得成功。

2. 在课上，结合反思性文章，讨论伊拉克的未来。

◎拓展活动

1. 创建一张说明在石油工业中不断变化的费用和生产的图表。考察在伊拉克的两家不同的石油公司的年收入。

2. 比较阿富汗和伊拉克的近代历史。两个国家的相似之处和不同之处分别是什么？分析国际干涉在经济、政治和社会方面对两国的影响。

① 据 http://www.nytimes.com 的作业样例编译。

4 健 康

你会做酸奶吗？①

◎作业内容

1．给食品与药物管理局（Food and Drug Administration，FDA）写一封两页长的信，描述班级的研究项目以及自己从中学到的东西。向食品与药物管理局提出一些建议，从而完善生物产品市场规范。

2．在课上展示自己的信件，全班评选出其中最好的三封，邮寄给食品与药物管理局食品安全与应用营养中心。

◎拓展活动

1．选择一种有益细菌，写一篇关于以下问题的论文：益生菌是什么？这种益生菌是在哪里被发现的？它为什么是有益的？

2．你吃的食物有什么作用？选择 5 ～ 15 种食物，创建一个图表，根据各种食物对身体的有益程度按照 1 ～ 10 的等级进行排列，从没有一点作用到非常有益。在文末附上一段文字，给出有作用食物的概念并阐述评价标准。

3．有些大的食品公司宣称，食品只要味道好，并且让消费者相信它们的质量是可靠的，就会有人购买。设计一个问卷，用来确定人们在食品购买方面的习惯。问卷中应包含以下几个问题：你会买什么样的食品？为什么？

4．设计一个实验，对你的消化系统进行监测，观察几星期以来你吃的益生菌酸奶对消化系统的好处。写一份实验报告，描述你采用的研究方法和得出的结论。

① 据 http://www.nytimes.com 的作业样例编译。

游戏、比赛
——考察运动器材的材料①

◎作业内容

选择体育运动中可能发生的一种受伤情况进行研究。创建一个图表，并附以文字说明，解释这种伤势会对身体的某一部位产生怎样的影响，并简要阐述治疗的方法，包括治疗中所使用的技术，如在物理治疗中运用的运动器材或外科手段等。

◎拓展活动

1. 在尼龙、棉、纤维等材质的线中选择两种，进行多次试验，比较它们的强度。完成试验后，撰写试验报告，描述你的假设、概括试验过程并分析试验结果。

2. 制作一个时间表，表明网球拍或弦乐器的发展史，强调在材料和设计上的演变。

3. 就纤维 B（一种质地牢固且重量轻的合成纤维）写一篇文章，要求图文并茂，包括以下问题：它是由什么材料制成的？最初用于什么目的？现在用于哪些方面？它为什么变得很流行？

① 据 http://www.nytimes.com 的作业样例编译。

健康成长[①]

◎ 作业内容

挑选五个不是班中的人进行调查，了解他们认为网站上哪些活动对于禁止未成年人酗酒是有用的。记录调查结果，并写一篇简短的调查报告。

◎ 拓展活动

1. 为你所在社区的年轻人策划一个夜间无毒品活动方案。你将举办哪些活动？你会组织哪些人员来举办这些活动？怎么接送活动人员？经费是多少？

2. 创作一个小品并进行表演，探寻克服网瘾时心理压力的各种策略。

3. 阅读当地报纸，找出面向青少年的各种活动文章和广告，做一个广告牌宣传这些活动，每周更新一次。

4. 写一条标语，奉劝青少年不要酗酒。

食品大战

——讨论学校对学生饮食进行控制的好处[②]

◎ 作业内容

在课堂上开展研究并得到论据之后，按照一定格式回答以下问题：根据课堂讨论结果，加上你自己的研究，你认为学校应该控制学生在食物上的消费数额吗？为什么？什么方面是应该考虑的问题？请提出支持你观点的论据。

---

① 据 http://www.nytimes.com 的作业样例编译。
② 据 http://www.nytimes.com 的作业样例编译。

◎拓展活动

1. 制作一张“食品如何起作用”的海报，对变态反应做出附注，突出变态反应原如花生、牛奶、鸡蛋等，解释为什么身体会产生过敏反应，说明过敏反应的程度和引起过敏可能的原因等。

2. 青少年肥胖是一个普遍的问题。就肥胖的定义、导致肥胖的因素以及基因对肥胖的影响等问题制作一本小册子。

3. 就肥胖、营养不良和青年期饮食失调等问题采访一位儿科医生，与同学分享你的采访结果。

后记

课外作业是学生课堂学习的一种自然延伸，是教学设计中不可或缺的一个重要组成部分，主要为巩固课堂所学和培养学生良好的学习习惯服务，一直为我国中小学广大教师所重视。但是，多数教师的关注点始终停留在课外作业如何提升学生的学业成绩上，对学生在完成课外作业过程中的心理、情感等方面关注不够，对课外作业有效设计的相关研究和实践也没有足够的重视。

减轻学生学业负担一直是教育管理部门的一项重点工作。随着我国基础教育课程改革的深入推进，进步的理念、多层次的课程结构、丰富而鲜活的课程内容，都给广大中小学教师带来强烈的观念冲击和能力挑战，以课外作业的有效性为核心的高质量作业探索研究和创新设计更是为广大教师提出了新的课题。课程的理念进步了，课程内容鲜活了，教学方法创新了，作为课堂延伸的课外作业究竟应如何与时俱进，如何与课堂内的学习无差距衔接，以反映新课程的要求？

带着以上问题不断思考的几个教育人，看到了高质量有效作业对减轻学生学业负担、培育核心素养、提高实践能力、培养思辨意识、担当社会责任的作用，组成了这样一个研究团队，以国外中小学高质量有效作业设计为视角，在 2008 年《美国学生课外作业集锦》一书的基础上，进行了精简、增补、修订，除更新美国学生有效作业外，还吸收了英国、法国、俄罗斯、新加坡、日本等国的作业设计智慧和样本，形成了这本《高质量作业赏析　国际样本》，旨在鲜活地反映国际上作业设计的最新研究动态和创新实践成果。

全书由上海市教育科学研究院教师发展研究中心的胡庆芳博士策划，并负责总体框架的设计、稿件的组织以及最后的修改与统稿。全书编写分工如下：上篇由胡庆芳编译，下篇的第一部分由李爱军编译，第二部分和第三部分由杨翠蓉编译，第四部分由季磊编译。

我们同时也期待着正在阅读这本书的各位专家和同行，多给我们提出宝贵的意见和建议，Closetouch@163.com 永远期待您智慧的启迪！

让我们一起在关注课外作业创新实践这样一个有意义话题的研讨中进步，在积极的思想交流与碰撞中成长！让国外学生课外作业的研究成果和创新实践启发我们更深的思考，激发我们更多的智慧，为培育我国学生核心素养助力！

胡庆芳

2022 年 5 月 1 日